81歳おじいちゃん医師が教える本当に幸せな老後

中野義澄
NAKANO YOSHIZUMI

幻冬舎 MC

81歳おじいちゃん医師が教える

本当に幸せな老後

はじめに

人生の最終章を穏やかに、満たされた心で過ごしたい――そんな願いは、誰しもが抱くものです。

「人生100年時代」において私たちは、65歳前後で仕事をリタイアしたのち、数十年にわたる老後期間を迎えることになります。リタイアによる生活リズムの大きな変化や、加齢による身体機能の衰えが起こるなかで、長い老後期間をいかにして幸せに過ごすかは、人生のテーマのひとつとして重要度が増しています。

私は千葉大学医学部を卒業後、大学病院や国立病院で神経内科の開設に関わり、神経内科の専門医として多くの難病患者を診てきました。また、地域のかかりつけ医としての開業後は在宅医療も担当し、その経験を活かして介護付き有料老人ホームの運営にも携わっています。

半世紀以上にわたり医療に従事するなかで、私は数えきれないほどの高齢者の老後の生活を見てきました。そのなかで現役時代に華々しい成功を収めていた人が老後に気力を失い、孤独に息を引き取った例や、巨額の資産を築いていた人が家族関係の問題により低価格の老人ホームに入居させられ、決して満足とはいえない最期を迎えた例など、目にしてきた不幸な事例は枚挙にいとまがありません。

こういった不幸な事態を防ぎ安らかな老後を過ごすために、老いによる課題に対して準備を整えておく必要があると私は考えています。

例えば、少しでも長く健康でいるためには、生活習慣の見直しやかかりつけ医の選び方など、「老いと病」の知識を身につける必要があります。また、日々充実した時間を送るためには、生きがいとなる趣味や活動を見つけること、自分らしく安心して過ごせる終《つい》の棲家《すみか》を見つけることが大切です。そして笑顔で最期を迎えるために、家族や友人をはじめとした周囲の人たちとの関わり方を、改めて見直す必要もあります。

このように幸せな老後は偶然に訪れるものではありません。老いに対する心構えを整え、十分な準備を意識して行うことで手に入れられるものなのです。

本書では、私が55年にわたる医師としての経験と81年の人生で学んだ「老後を幸せに過ごすために知っておくべきこと」をお伝えします。健康管理、家族や友人との関係、生きがいの見つけ方、そして安心できる終の棲家の選び方まで、具体的なアドバイスと実践的な方法を紹介します。

人生100年時代を迎えた今こそ、老後をどう過ごすかを真剣に考えるときです。この本が、人生をより幸せにするためのきっかけとなることを心から願っています。

目次

第2章

年を取ったら病気を治すだけではダメ

老後を幸せに過ごすために知っておきたい「老いと病」のこと

第3章

家族や友人、地域との関わりが「最期」に表れる

老後を幸せに過ごすために知っておきたい「人間関係」のこと

第4章
好奇心が健康長寿のいちばんの処方箋
老後を幸せに過ごすために知っておきたい「生きがい」のこと

第5章

自分らしく、安心できる住まいで——

老後を幸せに過ごすために知っておきたい「終の棲家」のこと

第6章

終わりよければすべてよし

老後を幸せに過ごせば人生100年時代を謳歌できる

第1章

穏やかで、充実した余生を過ごすのは意外と難しい

介護が必要になってから老後の幸せを考え始めたのではもはや手遅れ

「こんなはずじゃなかった」

仕事をリタイア、シニアライフを満喫するはずだった人のつぶやきを、私は幾度となく耳にしてきました。

定年後の老後をどう過ごすか。これは、人生100年時代を生きる私たちにとって避けては通れないテーマです。もし、65歳でリタイアしたとすれば、その後に続くのは35年間、一生の約3分の1に相当します。どうすればこの長い期間を幸せに、そして充実したものにできるのでしょうか。

私は現在81歳、現役の医師として55年にわたって、たくさんの高齢者を診療してきました。また、介護付き有料老人ホームの運営に携わるなかで、数え切れないほどの高齢者の生活を見守ってきました。その中で痛感しているのは、老後の準備を先延ばしにした結果、病気を患ったり、介護が必要になったりしてしまい後悔する人がいかに多いかということです。健康や自由を失ってはじめて、「もっと早くから老後の幸せを考えて健康管理をしておけばよかった」と悔やむのですが、残念ながらもはや手遅れなのです。

例えば、「リタイアしたら妻と一緒に世界中を旅するんだ」と夢見ていた人は、いざその時を迎えたときには、足腰が衰えてしまい思うような旅ができなくなっていました。また、ある人は「学生時代に楽しんだ山登りに再度挑戦しよう」と思い、念のために受けた健康診断で不整脈が見つかってドクターストップがかかってしまいました。心筋梗塞や脳血管障害になって、後遺症に苦しんだり、寝たきりになったりして、長い老後の期間を介護なしでは生活できなくなってしまう人もいます。

医師として、病気の人や介護が必要な人と接するなかで、「もっと早くから老後のことを考えて予防や対策をしていれば、こんな状況になるのは防げたのに」と思うことは多々あります。老後の幸せを手に入れることは、寝たきりや介護が必要になる前に考えて実行できるかにかかっているのです。

定年後の喪失感から老後うつ・認知症に陥るケースは多い

健康でありさえすれば、老後の幸せが保証されるかというと、もちろんそんなことはありません。定年後に生きがいや、やりがいを失ってしまうことで不幸になる人も多く見てきました。

私のクリニックに50代の頃から通院していた男性は、有名大学を卒業後、有名企業に勤め、支店長などの役職を務めていました。出張で海外もよく飛び回っていたそうです。60代半ばでその会社を定年退職してからも、子会社の幹部として相変わらず活躍していたそうです。ところが、70歳でその会社を退職してから、急に人が変わってしまったのです。

診察に訪れた際、「最近、どう過ごされていますか?」と聞くと、「何もすることがなくて」と暗い表情で答えました。活気にあふれていた彼が、仕事を辞めたことで生きがいを失ってしまったのです。「家族や友人と遠出してみては?」と勧めても、「まあ、そうですね……」と力のない返事をするばかりです。結局、その後の彼の診察の頻度は減ってしまい、最終的に受診されなくなりました。あとで人づてに聞いたところ、認知症になって施設に入居されたとのことでした。

これまで仕事で活躍してきた人ほど、リタイア後に「自分の役割がなくなった」「社会から必要とされなくなった」という喪失感にさいなまれる傾向があります。この男性も定年後に少しでも社会とのつながりを維持できていれば、こんなふうにならなかったのではと、私に何かアドバイスできることはなかったのかと悔やまれてなりません。

これまでの親子関係が最期に影響する

また、老後の幸せを手に入れられるか、幸せな最期を迎えられるかは、これまでの親子関係や家族とのつながりに大きく左右されることもあります。

私のクリニックの患者さんにある資産家の女性がいました。デパートで買い物をするときには何人もお付きの担当者が同行するような人でした。90歳を迎えたとき、彼女は長年の夢であった茶室付きの立派な家を建てたのです。彼女はここを「終の棲家」にするのだとうれしそうに教えてくれました。ところが、家が完成した直後に夫が病気で急逝し、なんと彼女自身も脳梗塞を発症してしまいます。後遺症が重く、そのまま入院となり、意思疎通をはかることも難しい状態になってしまいました。

　彼女には一人息子がいましたが、親子間でトラブルがあり、長い間連絡を取っておらず、事実上の絶縁状態にありました。しかし、彼女が倒れたことをきっかけに、息子が久しぶりに彼女のところにやってきたのです。話し合いの末、新居での介護は難しいと判断され、施設へ入居することが決まりました。私は、資産家の彼女のことなので、おそらく都内にある高級老人ホームに入居することになるのだろうと思っていたのですが、実際に入居したのは、息子が選んだ安い介護付き有料老人ホームでした。その後、彼女はその施設で亡くなられたそうです。

　安い老人ホームだからといって、必ずしも悪い施設とはいえません。しかし、彼女のこれまでの裕福な暮らしぶりや、夢見て建てた茶室付きの家とはかけ離れた環境であることを思うと、彼女にとってはどこかもの悲しい最期だったように感じざるを得ません。

　資産があっても必ずしも、望んだ最期を迎えられるわけではないのです。息子にしてみれば親の資産をできるだけ減らさず、相続したかったのかもしれません。これまでの親子関係が、最期の選択にも大きな影響を与えたのだと思います。

　また、彼女自身も「終の棲家」として家を建てるのか、自分で選べるうちに自分にふさわしい施設を探して入居するのか検討したり、万が一の場合の選択肢や資産の使い道について意思表示をしておいたりしても良かったのかもしれません。

老老介護で家族共倒れ・家庭混乱の現実

夫や妻、どちらかに介護が必要になった場合も、老後の生活が大きく変化します。介護する側もされる側もどちらも65歳以上の高齢者である状況を「老老介護」といいます。夫婦ならお互いにケアをするのは当然だと考える人は多いと思いますが、２人きりで長時間にわたり、介護をして密室で過ごすという状況は、誰にとっても大きなストレスを伴います。その結果、介護者がうつ状態になることもあります。疲れ果てた介護者が心中をはかるという痛ましいニュースも耳にします。

私が大学病院に勤務していた当時の話です。ある70代のご夫婦がいました。奥さんが脳梗塞で倒れて重度の後遺症があり、長期入院中でした。ご主人は毎日のように病院に通って、懸命に奥さんの世話をされていました。しかし、ある日突然、ご主人が自宅で一人のときに亡くなってしまったのです。詳しい病名までは聞いていませんが、慣れない自炊や家事に加え、毎日の見舞いなど、気づかないうちに心労を重ねていたのかもしれません。死後発見が遅れて、家には警察が入ったと聞きました。幸い娘さんと連絡がとれて、ご主人の死後の手続きや奥さんの世話は、ご家族の手でしていただくことはできましたが、今後老老介護が増えると、一方の方が不意に亡くなってしまうと、残された方が路頭に迷うという状況が増えるかもしれません。老老介護が深刻化する背景には適切なサポートの欠如があります。よい施設が見つからないこともあれば、本人が家族以外のサポートを拒むこともあります。しかし、家族だけですべてを背負わずに、公共の支援を活用して介護を続けられる体制を整えないと、共倒れのリスクは高まる一方です。

また、老老介護に限らず、長期にわたる介護が家族関係を壊してしまうことも少なくありません。親の介護の責任をめぐって兄弟間で対立したり、介護の負担が誰かに偏ったりしていると「どうして私ばかりが母の介護をしないといけないのか」「もっと協力してほしい」といった不満も出てきます。結果的に家族間に不和が生じます。私はこれまで多くの家庭を訪問診療して介護の現場を見てきましたが、互いに激しくののしりあう場面を目にしてきました。介護をきっかけに家族がバラバラになり、絶縁状態になってしまうケースもたくさんありました。

家族に見守られた穏やかな最期はかなわない現実

「人生の最期は、家族に囲まれ、穏やかに迎えたい」

多くの人がそう願うものです。しかし、現実にはその願いがかなうことは少ないように思われます。

特に病院で最期を迎えるときは面会時間が制限されているため、家族がそばで見守る時間も限られている場合があります。私は病院で長く勤務してきましたが、患者さんは点滴につながれ、さまざまなモニターに囲まれています。たとえ家族がそばにいても、心電図のモニター音が鳴り響き、医師や看護師があわただしく動き回るといった緊迫した状況では、穏やかな気持ちで静かに最期を迎えることは難しいものです。

病院は病気を治療する場所であり、最期を迎える場所としては必ずしも最適ではないと感じています。もし、自分の意思がしっかりしている間に、自宅や施設で穏やかに最期を迎える選択肢を考えられたら、もっと満足のいく結果が得られる人が増えると思います。

しかし、「最期の過ごし方」について本人や家族の知識や準備が不足していることから、自宅や施設で看取りができるという選択肢があるにもかかわらず、最終的に病院で延命処置を受けてたくさんの管につながれたまま最期を迎えるケースが多くあります。

これまで多くの高齢者を見守るなかで共通して見えてきたのは、老後をどのように迎えるかは、準備次第で大きく変わるということです。特に50代や60代の人は、「老後のことはいつか考えればいい」と先延ばしにするのではなく、今日から具体的な行動を始めることが大切です。定年退職してからの人生が想像以上に長く続くことを頭の中にいれておきながら、この長い期間を穏やかに幸せに過ごすためにはどうすればいいのかを探りましょう。大きな病気をすることなく自分らしい生活を送り、愛する家族や友人に囲まれて最期を迎えることができれば、それ以上の幸せはないでしょう。

しかし、穏やかで充実した老後を過ごすのは意外と難しいものです。では、どうすればよいのか。私自身の経験や事例を交えながら具体的なヒントを紹介していきたいと思います。

第2章

年を取ったら病気を治すだけではダメ

老後を幸せに過ごすために知っておきたい「老いと病」のこと

「年だから」はNG！　できることはたくさんある

年を重ねると、ふとした瞬間に自分の不調や変化に気づくことが増えてきます。

例えば私の場合は、「最近、疲れが取れにくくなったな」と思ったり、「食事が以前のようにたくさん摂れないな」と感じたりしたことが増えた時期がありました。同様に、膝や腰が痛んだり、何もないところでつまずいたり、または、目がかすんだり、耳が聞こえにくくなるといったことが増えてくるかもしれません。このような不調や変化は誰にでも起こり得るものです。

大事なのは、そんなとき「もう年だから（仕方ない）」と考えてしまわないことです。実は「年だから」というのは便利な言葉で、年を理由に不調を放置したり、努力するのをやめてしまったりしがちです。そうではなく、「何かおかしいな」と感じたときは、その感覚を無視せず、しっかりと自分の身体と向きあう必要があります。

身体の痛みや異常には、必ず原因があります。例えば、膝や腰の痛みは、変形性関節症や関節リウマチなどを発症しているからかもしれません。もし変形性関節症だったら、運動や薬で症状を和らげる療法を試みながら、手術をするかどうか判断できます。関節リウマチの場合は、以前は炎症や痛みを抑えることしかできませんでしたが、今ではさまざまな薬が開発され、病気の進行を防ぐことができます。早めに整形外科やリウマチ科を受診し、正しい診断を受ければ、適切な治療を受けることができたのに、「そろそろ年だから、痛むのも無理ないだろう」と受け入れてしまっていることがいちばんよくないのです。湿布やサポーターなどで痛みをしのいでいるうちに、病気が進行してしまうこともあります。膝や腰の痛みが進行すると、歩けなくなってしまう恐れもありますから、決して自己判断しないでほしいと思います。

「耳が聞こえにくい」と感じる場合は、単なる老化と思いがちですが、突発性難聴などが原因の場合もあります。特に突然聞こえなくなったときは、注意が必要です。突発性難聴は、治療が遅れると回復しない可能性が高くなるのです。ステロイド薬の内服や点滴が基本的な治療となりますが、治療開始までのめどは1週間といわれており、時間との勝負になります。いかに早く耳鼻科を受診できるかで、その後の生活が大きく変わってしまいます。

先日、私の知り合いが、かかりつけ医に身体の不調を訴えたところ「もう年だから仕方ありませんよ」と言われたと落ち込んでいました。それを聞いて私は「医師でありながらそんなことを言う人がいるのか！」と憤慨しました。同じ70歳でも、元気に活動している人もいれば、歩くのが難しい人もいます。個人差が大きいことを考えれば「年だから」という一言で片づけるのは不適切です。

もちろん、老いることで出てくる病気もありますし、機能が低下することは避けられません。しかし、「年だから」仕方がないという考えにとどまってしまうと「もう何もできない」「どうしようもない」という諦めにつながり、とても危険です。それらの症状には必ず対処法があります。諦めずに不調や病気に向き合い、適切なケアや治療をすれば、今まで通りの生活を維持することは十分可能なのです。

私は現在81歳です。なにも病気をしたことがないわけではなく、これまでに膝を痛め、目が見えにくくなり、耳が聞こえにくくなったことがありました。心臓の動脈硬化が見つかったこともあります。しかし、その都度、専門医に相談しながら対処し、健康診断や人間ドックも毎年受けて、健康管理に努めてきました。その結果、今もほぼ毎日、フルタイムでクリニックに勤務し、元気に仕事ができているのです。まずは今日から「もう年だから」という考えはやめましょう。

がんの早期発見は老後の健康不安を解消する重要ポイント

そして、これからの生活でぜひ意識してほしいことが2つあります。

1つ目は、「がんの早期発見・早期治療」です。がんは誰にでも起こり得る病気ですが、早い段階で見つけることができれば、その後の治療の選択肢が広がり、不安を大きく軽減できます。もう一つは、「寝たきりになるリスクの予防」です。例えば、転倒や脳卒中など、ちょっとしたきっかけで長期間の介護が必要になることもありますが、日常の心がけ次第でそのリスクを大きく減らすことができます。この2つを実践することで、「これからも元気でいられるだろうか」という漠然とした不安が少しずつ和らいでいくはずです。

まず、1つ目の「がんの早期発見・早期治療」です。

がんは、今もなお多くの人が直面している病です。がんは、遺伝子に生じた傷の蓄積によって発生するといわれています。その要因は、老化、タバコ、食生活などの生活習慣、大気中の化学物質、ウイルスや細菌感染などさまざまです。そして、年齢を重ねるほどがんが発生するリスクは高まるのです。厚生労働省のデータによれば、２０２１年の日本人の死因の第1位はがんでした。２人に１人ががんにかかり、３人に１人ががんで亡くなるという現実は、どこかの遠い話ではなく、私たち一人ひとりに関わるものです。

ですが、近年の医療技術の進歩により、がんはもはや「治せない恐ろしい病気」ではありません。早く発見して早く治療を始めることで、多くのケースで治すことが可能です。それでもなお多くの人ががんで亡くなっているのは、発見が遅れ治療の機会を逃してしまっているからなのです。

特に、早期発見ががん治療にどれほど大きな差を生むかという点は重要です。例えば、胃がんの場合、がんが発生した臓器にとどまっている「限局がん」の状態で治療が始められれば、５年生存率が96・７パーセントと非常に高くなります。しかし、がんが周囲のリンパ節や臓器に広がる「領域がん」の状態では、51・９パーセントにまで低下します。さらに、ほかの臓器に転移している「遠隔がん」になると、６・６パーセントまで下がってしまいます。こうしたデータは、「がんは早く見つけるほど治療の選択肢が広がり、予後が良くなる」という事実を教えてくれているのです。

がんの早期発見には、定期的に人間ドックを受けることがとても大切です。私は患者さんに、40代になったら年に1回の人間ドックを習慣にすることを勧めています。一度受けて「異常なし」と言われても安心せず、定期的に受け続けることで、小さな段階でのがんを見逃さないようにできるからです。

もちろん人間ドックを受けても、完全にがんを見つけられるわけではありません。膵臓《すいぞう》がんは、症状が現れにくいため発見が遅れやすいがんです。超音波検査やCT検査が有効ですが、見えにくい場所にあるため発見できないこともあります。しかし、それでも定期的に検診を受けることで、がんを早期に発見できる可能性は確実に高まります。

がんの原因には環境要因によるものだけでなく、遺伝要因によるものもあります。家族や親類にがんが多い場合は、積極的に検診を受けることを心掛けてください。

心臓の血管を検査して命拾いした話

人間ドックは、がんの早期発見に役立つだけでなく、それ以外の病気の発見にも非常に有効です。実は私自身が人間ドックの大きな恩恵を受けた一人です。

ある年は、眼科での検査で白内障が見つかり、早期に治療することができました。白内障や緑内障を発見するための検査は、通常の健康診断には含まれないので人間ドックを受けていなかったら気づかなかったと思います。手術後、視界が一気にクリアになり、以前とはまるで別世界のように明るくなりました。景色の細部まで見えるようになり、視力が回復したことで心までも軽やかになりました。

さらに、ＰＥＴ検査（放射線薬剤を体内に投与し特殊なカメラで撮影する検査）を追加した際は、思いもよらない発見がありました。心臓の血管が石灰化していることが分かったのです。その後に専門的な検査を受けたところ、心臓の太い血管の約９割が狭窄《きょうさく》していることが分かり、すぐに専門医によるステント手術を受け、狭くなった血管を広げてもらいました。心臓の動脈硬化は一般的な人間ドックだけでは見つけられないため、ＰＥＴ検査を追加していたことは本当に幸いでした。もし、検査を受けていなかったら、今頃心筋梗塞を起こしていてもおかしくなく、最悪の場合は突然死や寝たきりの状態になっていたかもしれません。考えるだけでも背筋が寒くなります。

私は元来高血圧で、薬を飲んでコントロールをして食事にも気をつけてはいましたが、検査を受けることの重要性を身に沁みて感じた出来事でした。

もともと毎年、妻と一緒に人間ドックを受けていましたが、妻ががん家系だったこともあり、70歳になったときから夫婦でＰＥＴ検査を追加することにしたのです。私が人間ドックを受けたがん研有明病院では、ＰＥＴ検査で頭以外の全身を撮影するので、膵臓や甲状腺など通常の検査では調べない部位も１回の検査で調べられます。通常では見逃されがちな小さながんも発見できるため、私たちにとって心強い検査の一つです。

このような検査を受けることは、何か問題が見つかるかもしれないという不安も伴います。私も検査結果の用紙に「心臓の血管の動脈硬化が進んでいる」というコメントを見たときは、本当にショックを受けました。でも大切なのは「気づける」ということです。その発見のおかげで、適切な治療が受けられ、その後の生活の安心感を得ることができたのです。以来私にとって、人間ドックやＰＥＴ検査は未来の健康を守るための欠かせない習慣となっているのです。

寝たきりにつながる病気を防ぐことが重要

次にこれからの生活でぜひ意識してほしい2つ目のこと、「寝たきりになる病気の予防」についてです。人生100年時代を生きる私たちにとって、健康寿命を延ばし、少しでも長く元気で自立した生活を送ることは、大きなテーマです。

寝たきりの期間や介護が必要となる期間を短くできれば、自分だけでなく家族にとっても安心をもたらすことができます。厚生労働省のデータによると、介護が必要になる原因には、認知症、脳血管障害や心筋梗塞、骨折、関節疾患などが挙げられています。これらの病気を防ぐことが、寝たきり予防のカギとなるのです。

中でも特に気をつけたいのが、「脳血管障害」と「心筋梗塞」です。この二つの病気は、発症した日を境に、これまでの生活が一変してしまうからです。場合によっては命を落とすこともあり、たとえ一命をとりとめたとしても、後遺症によりこれまでのような日常を取り戻すことは難しくなります。

介護が必要となった主な原因の構成割合

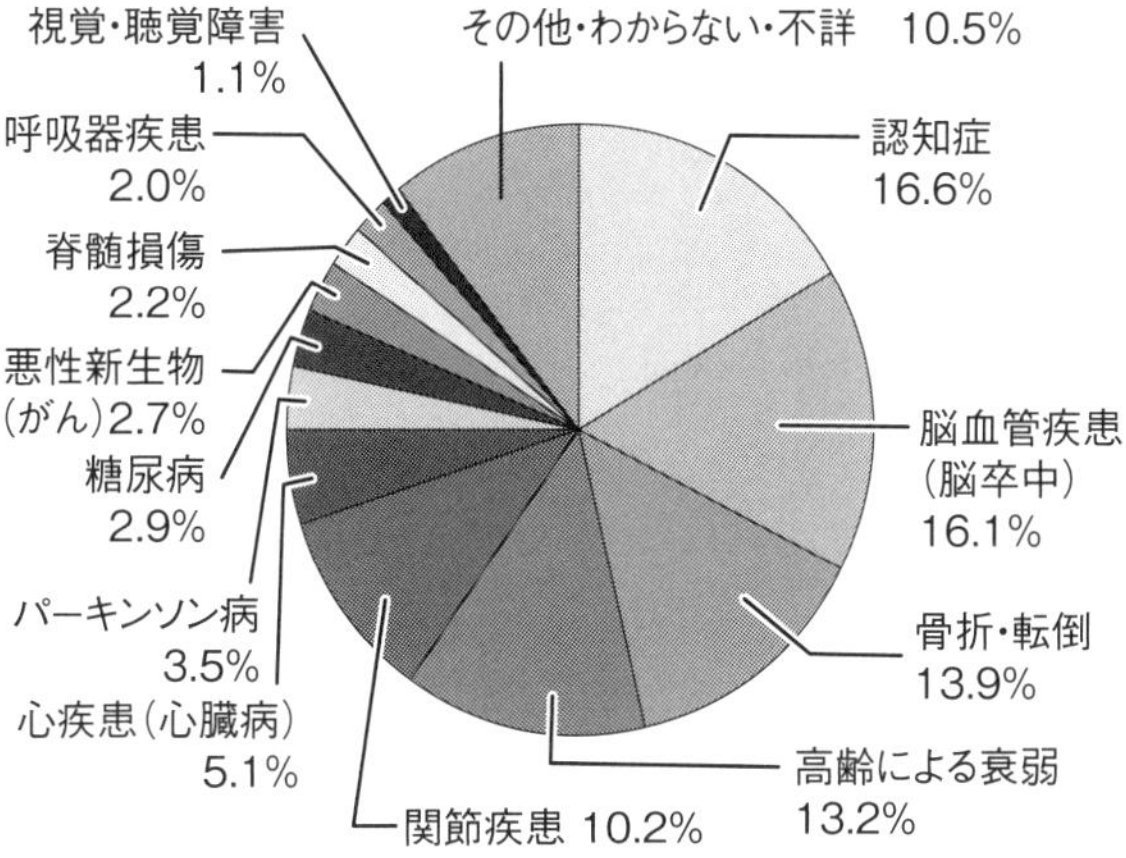

※注:要支援者を含む

厚生労働省「2022（令和4）年 国民生活基礎調査の概況」を基に作成

「脳血管障害」は、脳の血管にトラブルが生じ、脳細胞が破壊される病気の総称です。代表的なものに脳出血と脳梗塞があり、一般的には脳卒中とも呼ばれています。損傷の場所と程度によって、上下肢の麻痺、言語障害や視覚障害、感覚障害などさまざまな後遺症が生じることがあります。

一方、「心筋梗塞」は、心臓を取り巻く冠動脈が詰まって心臓に十分な血液が行き渡らなくなる状態をいいます。強い痛みを感じ、心臓の機能が急激に低下します。最悪の場合は突然死に至ります。

「もし脳血管障害や心筋梗塞でコロリと死ねるなら、それも悪くない」と考えている人もいるかもしれません。しかし、現実はそう簡単ではなく、脳血管障害や心筋梗塞でそのまま命を落とすケースは意外と少ないです。脳血管障害においても多くの場合、長期間の入院やリハビリが必要になります。

私は2000年に介護保険制度が始まって以来、20年以上にわたり、行政から依頼を受けて、介護度を認定する審査会の審査員を務めてきました。この審査会では、申請者が介護保険のサービスを受けられるかどうかや、具体的な介護度を決定する重要な役割を担っています。私はこの期間、数え切れないほどの事例に接してきましたが、最も印象的だったのは、脳血管障害が原因で介護が必要になるケースの多さです。比較的若い40代で要介護になる方のほとんどが、脳血管障害によるものでした。

脳血管障害による後遺症は多岐にわたります。身体が麻痺して思うように動かせない、言語がスムーズに出ない、認知の機能も低下するといった症状により、日常生活のほとんどが介護を必要とする状況に追い込まれます。このような現実を目の当たりにした私は、脳血管障害や心筋梗塞を予防することがどれほど重要かを痛感しています。

生活習慣の積み重ねが脳血管障害や心筋梗塞を招く

脳血管障害や心筋梗塞も、予防するためには「動脈硬化」を防ぐことが大切です。「動脈硬化」とは、血管が硬くなったり狭くなったりする状態のことです。脳で血管が狭くなれば脳血管障害を、心臓で血管が狭くなれば心筋梗塞を引き起こすリスクが高まります。

動脈は年齢とともに徐々に老化し、弾力性を失い硬くなっていきます。いわば、動脈硬化は自然な老化現象の一つともいえます。しかし、その進行の速さには個人差があり、その個人差を生み出しているのが日々の生活習慣なのです。

偏った食事、運動不足、喫煙、お酒の飲みすぎ、過度のストレス……これらの生活習慣が積み重なると、動脈硬化が急速に進み、脳や心臓に大きな負担をかけます。不健康な生活習慣は、「高血圧症」「脂質異常症」「糖尿病」といった生活習慣病も引き起こし、これらも動脈硬化を加速させる原因となっています。

生活習慣の中でも、動脈硬化のリスクを最も高めるのは、「タバコ」です。タバコには強力な血管収縮作用があり、タバコを吸うことで、血管は常に収縮した状態になり、その結果、高血圧が引き起こされます。これが動脈硬化を進行させ、脳血管障害や心筋梗塞のリスクを大きく高めてしまうのです。あるデータ（Ueshima, H, et. al.:strok 35（8）: 1836, 2004.）によると、タバコを吸う人はタバコを吸わない人に比べて脳卒中で死亡するリスクが、男性で約2倍、女性で約4倍高いといわれています。また、心筋梗塞を発症するリスクも、男性で約4倍、女性で約3倍も高くなるのです。

もし、タバコを吸っているなら、今すぐに禁煙に取り組むべきです。タバコだけは「百害あって一利なし」。今からやめても、遅くありません。

実は、こんな偉そうにいいながら私自身もかつては喫煙者でした。30代で禁煙を決意しましたが、すぐにやめられたわけではありません。何度もチャレンジしては失敗し、しばらくやめても軽い気持ちで1本吸うとすぐに逆戻りする典型的なニコチン依存でした。

そんな私が禁煙に成功したのは、「1年間だけやめる」と期限を決めたことからでした。完全にやめるのは無理だと思い、「1年後には吸える」と自分に言い聞かせて、まず1年間我慢することにしたのです。そして1年が経つ頃には「せっかくだからもう1年続けてみよう」と思うようになり、気づけば完全にやめることができました。

もし1人で禁煙が難しいと感じるなら、「禁煙外来」のようなサポートを利用するのも一つの方法です。私は、禁煙できて本当に良かったと思っています。もし、そのまま吸い続けていたら、おそらく今のように元気には過ごせていなかったはずです。

脳血管障害や心筋梗塞は、ある日突然起きるものといった印象があるかもしれません。けれど実際には、長年の生活習慣の積み重ねが引き起こす結果であることをぜひ知っておいてください。

健康診断では「脂質」「HbA1c」「肝機能」「貧血」をチェック

健康診断を受けるとき、「本当に必要かな?」と感じることがあると思います。日常生活で特に気になる症状がなければ受けなくてよいと思うのも無理もありませんが、健康診断は体からの小さなサインをキャッチする大切な機会です。血圧や血糖値、コレステロール値など体の状態を定期的にチェックすることで、脳血管障害や心筋梗塞につながる生活習慣病や動脈硬化のリスクにいち早く気づくことができます。

にもかかわらず健康診断を受けても、その診断結果を「ただの紙切れ」としてしまう人がとても多いのは残念です。私は産業医としても、企業の従業員の方々の健康管理に携わってきたのですが、「会社に言われたから受けただけ」「とりあえず異常がなかったら大丈夫」と思っている方が多くいます。せっかく受診したのに、もったいない！

健康診断は、幸せな老後のためのパスポートともいえます。忙しい日々の中で健康管理が後回しになりがちでも、まずは健康診断をきっかけにできることから少しずつ始めてみてほしいです。

健康診断の用紙には、未来の自分の健康を守るための大きなヒントが詰まっています。特に老後を寝たきりにならずに健康に過ごすために、注目してほしいのが次の4つです。

・脂質
・HbA1c
・肝機能
・貧血

1つ目は「脂質」です。

脂質の数値が悪化している状態が続くと、血管がダメージを受けやすくなり、「動脈硬化」につながる恐れを示しています。「ＬＤＬコレステロール（悪玉コレステロール）値が高い」「ＨＤＬコレステロール（善玉コレステロール）値が低い」「中性脂肪の値が高い」といった3つのパターンがあり、特にＬＤＬコレステロール（悪玉コレステロール）値が高いと動脈硬化のリスクは高まります。

ですが、心配しすぎる必要はありません。バランスのよい食事や適度な運動に取り組めば、数値を比較的正常値に近づけることが十分に期待できます。例えば脂っこい料理を少し控えたり野菜を積極的に取り入れたりしながら、定期的に血液検査を受けて経過を見守るとよいと思います。それでも改善が難しい場合は、薬を服用してコントロールするといった方法もあります。

もちろん、ＬＤＬコレステロール（悪玉コレステロール）値が高いからといって、必ずしも脳血管障害や心筋梗塞になるわけではありません。値が高くても病気を発症しない人もいて、人それぞれです。一方で、こんな話を聞いたことがあります。心筋梗塞を取り扱う循環器内科の医師たちは、自分がＬＤＬコレステロール（悪玉コレステロール）値が高いと分かれば、食事改善だけでなく、早めに薬も服用してリスク管理する人が多いそうです。心筋梗塞の治療の最前線にいる彼らは、コレステロール値の管理がいかに大切か身をもって知っているということです。

2つ目は「HbA1c」です。

この値は、糖尿病やそのリスクを把握するうえでとても重要な指標です。以前は糖尿病の診断は血糖値をもとに行われていましたが、現在は糖と結合しているヘモグロビンの割合を測定するHbA1cをもとに行われています。HbA1cでは、過去1~2カ月の血糖の状態を知ることができます。

実は日本人の4人に1人は糖尿病か、その予備群といわれています。糖尿病そのものは直接命に関わる病気ではありません。それなのに何が怖いのかというと、全身のあらゆる場所に悪影響を及ぼし、合併症を引き起こす点です。例えば合併症により、失明してしまったり、足の血管が詰まって切断しなくてはいけなくなったり、人工透析が必要になったりしてしまうこともあります。そして、やはり大きな問題なのは、糖尿病が「動脈硬化」を加速させ、その結果、脳血管疾患、心筋梗塞のリスクがさらに高まることです。

具体的には、糖尿病患者は血糖値が正常な人と比べて、脳梗塞発症のリスクが男性で約

２・２倍、女性で約３・６倍にも増えるといわれています（※厚生労働省「多目的コホート研究」）。

また、心筋梗塞の発症リスクも２～４倍に達します。欧米では糖尿病患者の40～50パーセントが心筋梗塞で命を落とすことも報告されています。

さらに、糖尿病患者は「認知症」のリスクを１・５～２・５倍高めることも分かっています。血糖値が高い状態が続くと、動脈硬化が進み、脳の血管が詰まりやすい状態となってしまいます。脳内の血流が滞り、神経細胞に十分な血液が行き渡らなくなることで認知症を引き起こしやすくなると考えられています。認知症も、寝たきりの状態になる大きな要因の一つであるため、血糖値をコントロールすることが健康な老後を過ごすうえでいかに重要か、分かっていただけると思います。

脂質も血糖値の改善も一度きりで終わりではありません。良い値を維持するために、予防につながる食生活や運動を継続することが必要です。「毎日続けるのは難しいな」と思うかもしれませんが、脳梗塞や心筋梗塞、認知症のリスクを減らし、安心して過ごせる未来を想像してぜひ習慣化してほしいです。

3つ目が「肝機能」です。

肝臓は、「沈黙の臓器」とも呼ばれるほど、自覚症状が出にくい臓器です。生命維持に欠かせない働きをする一方で異常があっても気づきにくいというのが特徴です。健康診断では、「ＡＳＴ」「ＡＬＴ」「γＧＴＰ」の3つの項目が確認できますが、特に注目してほしいのが、「ＡＳＴ」と「ＡＬＴ」です。

これらの数値が高い場合、肝細胞が壊れている可能性があり、肝硬変や肝臓がん、脂肪肝、アルコール性肝炎などが疑われます。これまでは正常値であったのに数値が急に高くなる場合は、注意が必要です。精密検査を受けることで、早期に対応できる可能性があります。

「γＧＴＰ」は、お酒などアルコールによって上昇することが多く、普段からよくお酒を飲む人では数値が上がります。ただし、アルコールによる上昇か、肝臓の障害による上昇かの区別をつけるためには、ある一定期間禁酒をして再検査する必要があります。

4つ目は「貧血」です。

急激な貧血には注意が必要です。少しの貧血なら、食事による鉄分不足が原因のこともありますが、これまで貧血気味ではなかったのに、急に赤血球や血色素の値が下がっている場合は、何らかの異常のサインだと考えられます。「どこかから血が出ている」「血が造れない状態になっている」「血が壊れている」のどれかが考えられます。貧血の裏には大きな病気が隠れていることがあります。健康診断で赤血球の値が下がっていないか、みてみてください。

健康診断の結果を引き出しにしまい込んでいては意味がありません。これまで受けてきた診断書を取り出して、先ほどの項目をチェックしてみてください。

会社勤めでない人や退職している人は、自治体が提供する「特定健康診査」が受けられます。受診券が届いたら見逃さずに医療機関で検査を受けるとよいと思います。無料、または少額で受けられるこの機会を活かして健康を守るための基礎情報を得るとよいです。

健康診断の結果をかかりつけ医と共有する

健康診断のチェックすべき項目などを紹介してきましたが、実際のところ、一般の人にとっては数値やコメントを見ても、その意味することが「分かったようで、よく分からないな……」というのが実態だと思います。そこで、大切なのが次のステップになります。

それは、「健康診断の結果をかかりつけ医のところに持っていき相談すること」です。

「健康診断の結果で気になる項目があって……」と医師に相談するだけで、結果の数値やコメントの意味がより詳しく分かります。あなたの日常の生活パターンや家族構成なども考慮したうえで「この数値はまだ治療までする必要はないけれど運動習慣などの生活改善が必要な状態」といった具体的なアドバイスをしてくれます。「何となく不安」といった状態から一歩抜け出せるはずです。普段から健康診断の結果をかかりつけ医と共有しておけば何かあったときにも、スムーズに対応できます。

かかりつけ医をパートナーにして「健康を自分の手で作る」

かかりつけ医に相談するのも、もしかしたらおっくうに感じたり、緊張したりすることがあるかもしれません。「自分の生活を責められるのではないか」「どうせ話をきいてもらえないだろう」と思えばなかなか気が進まないものです。でも、かかりつけ医と良い関係を築くことができれば老後の健康を守る大きな助けになることは間違いありません。

ただ覚えておきたいのは、病気を治すのは医師ではなく「自分自身」だということです。「え？　病気を治すのは医師でしょう？　治さなかったら医師じゃないではないか」と思うかもしれません。もちろん処置や手術など、医師でなければできないことはありますが、医師の役割は、医学の知識や臨床の経験に基づいて、患者さんに適切な治療を提案し、薬の処方や生活習慣のアドバイスをすることです。そして、実際にその提案を受け入れ、処方した薬を服用したり、生活を改善したりしていくのは「患者さん自身」なのです。特に生活習慣病などの病気に関しては、患者さんの行動がカギになります。

例えば、血糖値が高い場合、医師から「毎日30分ウォーキングをしてみませんか」と提案されることがあると思います。私もよく、「難しければ週に3回からでも始めてみてはどうですか」と声を掛けます。でも、医師がいくら提案しても患者さんがそれを「よし、やってみよう！」と決めて動き出してくれなければ数値を下げることは不可能なのです。医師だからといって、患者さんに行動を強制することはできません。私たちができるのは患者さんが「これならできそう」と思えるように道筋を示すことです。

中には「忙しくてできませんでした」という人もいますし、逆に「毎日続けています」という人もいます。やはり行動した人は結果として数値が改善していることが多いです。その違いを目の当たりにすると、「健康は自分の手で作るものなんだな」と改めて感じます。

自分の健康は自分で管理する――その意識があれば、自分の健康に関心がわいてくると思います。今よりもっとかかりつけ医に質問をしたくなるはずです。

内科系のかかりつけ医は一人に絞る

老後の健康管理の大きな助けとなる「かかりつけ医」ですが、そもそもかかりつけ医と聞くとどんなイメージがあるでしょうか。

健康に関する悩みをなんでも気軽に相談できる存在――私はそれがかかりつけ医の理想的な姿だと考えています。体調に異変があったとき、最初に対応する医師であり、あなたの全身の健康状態を長期的に見守ってくれるパートナーでもあります。

ただ、かかりつけ医を選ぶ際にはちょっとしたコツがあります。それは「内科系の医師を一人に絞ること」です。これが、老後の健康管理をスムーズに進めるための大きなカギとなります。

全身の健康状態を診てもらうため、内科系の医師であることが望ましいのは理解しやすいと思います。ではなぜ、一人に絞るのがいいのか……症状によっては「咳《せき》が出るから呼吸器内科に」「おなかの調子が悪いから消化器内科に」と、専門ごとに医師を使い分けている人もいるかもしれません。でも、複数の医師にかかることで意外なデメリットが生じることがあります。

例えば、一人のかかりつけ医が患者さんの全身状態を把握している場合、何か小さな異変や違和感があった時点で、総合的に判断して適切な対応ができる可能性が高まります。しかし、複数のかかりつけ医がいると、医師同士が連携を取ることなく、各医師が「この問題は別の医師が解決するのだろう」と判断してしまうことがあるのです。このような状況では、どちらの医師も重大な病気や兆候を見逃してしまうリスクが高くなります。

医師からすると「自分ではなく、別の医師に相談しているのだろう」と思い込んでしまい、必要な診察を徹底しないケースも出てきます。患者さん側にその意図はなくても、結果的に重要な健康状態の把握が不完全になってしまうことがあるのです。

つまり、かかりつけ医が複数いることで、一貫したケアや総合的な治療計画が難しくなり、結果的に「どの医師も重大な病気を見逃してしまった」というケースが実際に起こり得るのです。このような問題を避けるためには、信頼できる一人の医師にしっかりと自分の身体全体を見てもらい、必要に応じてほかの専門医とも連携してもらうことが大切です。

もちろん、一人の医師がすべての病気に対応できるわけではありません。専門医の意見を求めたくなることは、患者さんとしては自然なことですし、時にはそのほうが正しい判断になることもあります。しかし、かかりつけ医を一人に絞って診てもらうことのメリットは非常に大きいのです。患者さんはどうしても「ここが痛い」「あそこが気になる」といった部分的な問題に目が行き、早期解決を望んでしまうものです。でも、一人の医師を軸にすることで、全身状態を一貫して見守りながら専門医との連携もスムーズに進められるのです。

ところで、かかりつけ医に専門医の紹介やセカンドオピニオンを依頼するのを躊躇《ちゅうちょ》したことがあるかもしれません。「お願いしたら気を悪くさせてしまうのではないか」「自分に不満があると思われてしまうかも」と考えてしまうのは無理もないことです。

しかし、そのような心配も遠慮もまったく不要です。紹介状を書くこともセカンドオピニオンを受けてもらうことも、実はかかりつけ医のとても大切な仕事の一つでやりがいがあることだからです。

かかりつけ医は普段から、必要に応じて専門医と連携が取れるよう、医療のネットワーク作りに力をいれています。「自分一人でできる範囲には限りがある」ということを、かかりつけ医はよく理解しています。だからこそ、専門医の力を借りながら、患者さんの健康を守るために最善を尽くそうと考えているのです。

私自身もこれまでたくさんの患者さんを専門医のところへ紹介してきました。そしてその患者さんが専門的な治療を受けて、また自分のところへ元気な顔で戻ってきてくれたときほど、ほっとしてうれしいことはありません。そのときの患者さんの笑顔を見るたび、「この仕事をしていてよかった」「役に立ててよかった」と心から思うのです。

ただ、時々、「どうせなら大学病院に紹介してほしい」とこだわる人がいますが、必ずしも大学病院で適切な治療を受けられるとは限りません。大学病院は高度な治療が必要な難病患者さんのための場であり、医師を育てる教育の場でもあります。そのため、「有名な先生に診てもらえると思って行ったのに長い間待たされて、結局担当したのは若い医師で、たった数分で終わった」と、結果的に不満を持つ人も多くいます。

私も以前は大学病院で外来を担当していましたが、高度医療を必要とする患者さんが優先されるため、それ以外の患者さんを長時間待たせたのに、ほんの短い時間で終わらざるをえないことが多々ありました。その経験からも一般的な病気であれば、経験豊富な医師が多数在籍しており、迅速で適切な治療を提供してくれる総合病院が適していると考えています。

かかりつけ医探しは技術より〝相性〟を最優先にする

では、あなたには「この先生に相談しよう」と思えるかかりつけ医がいるでしょうか。2023年の日本医師会総合政策研究機構の調査によると、かかりつけ医がいる人の割合は全体の56・9パーセントでした。年齢が上がるほどその割合は増え、70歳以上では81・9パーセントの人がかかりつけ医を持っているそうです。

一方、かかりつけ医がいない人の主な理由に「あまり病気にかからないから」「その都度医療機関を選ぶから」「どのような医師が適しているか分からない」といったものが挙げられていました。

確かに「なんとなく近所のクリニックに通っているけど、それがかかりつけ医と呼べるのか分からない」という人もいれば「どうやってかかりつけ医を探したらよいの？」と悩んでいる人もいるかもしれません。しかし、かかりつけ医探しをあまり難しく考える必要はありません。実はとてもシンプルな基準で選べるのです。それはあなたと「相性」がいいと感じる医師を選ぶことです。

私はかかりつけ医を選ぶ際に、最も大切なのは「相性」だと考えています。学歴や経歴、専門分野にこだわる人もいますが、そこまで神経質になる必要はありません。ほとんどの開業医は、一定レベルの医学教育と臨床経験を積んでおり、大きな病院での勤務経験もあるため、基本的な医療の知識や技術には大きな差がないからです。

むしろ、どれだけ専門知識が豊富で技術が優れていても、相性が合わなければ、信頼関係を築きにくく、治療もうまく進まないことが多いのです。何より大事なのは、患者さんとして「この先生に言われたことなら実行してみよう」と思えるかどうかです。人間同士の関係ですから、いくら名医であっても「なんだか気に入らない」と思う相手のアドバイ

かかりつけ医の有無

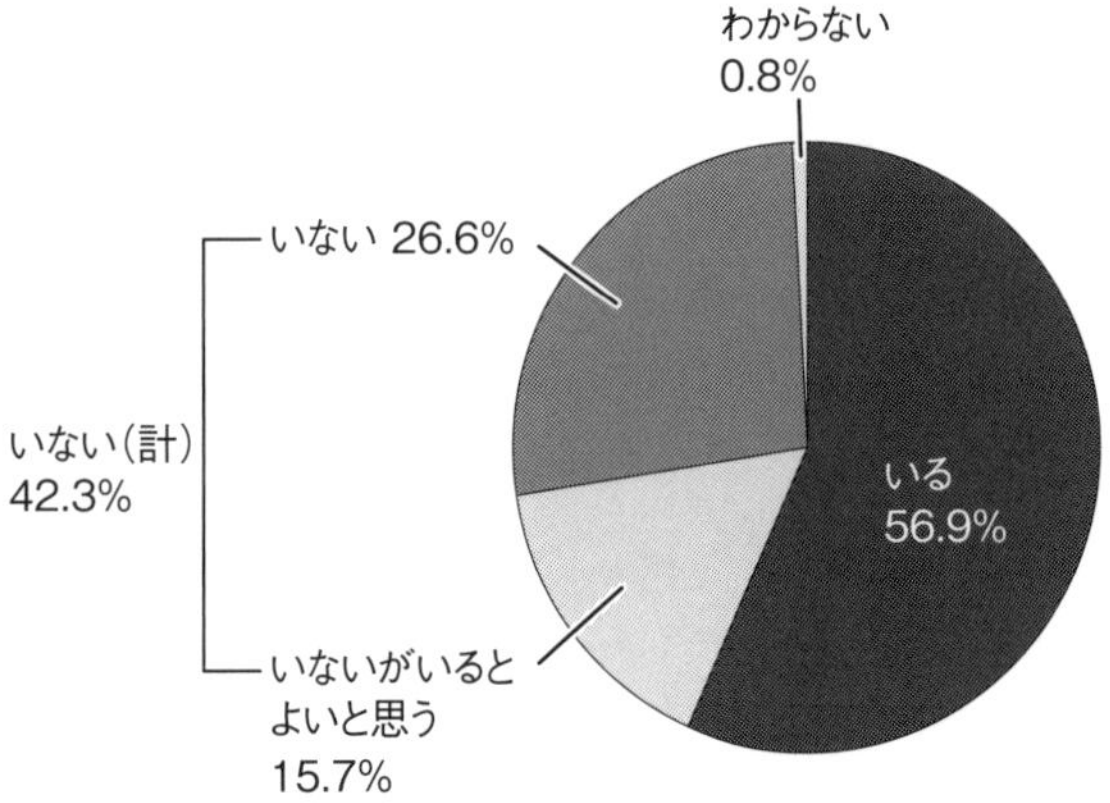

日本医師会総合政策研究機構 「第8回 日本の医療に関する意識調査」を基に作成

スを素直に受け入れるのは難しいものです。

この「相性」というものは、実は医師から見ても存在します。私自身、同じように患者さんと接しているのに非常にうまくいくケースもあれば、なかなか思うようにいかないケースもありました。なぜだろうと考えたとき、相性が関係しているのだと気づいたのです。相性が良い患者さんには、自然と丁寧な説明ができ、コミュニケーションも円滑に進むのです。こうした良い関係性が築けることで、最善の治療を提供できる環境が整います。

そのかかりつけ医は話を聞いてくれますか？

かかりつけ医を選ぶ際のもう一つの重要なポイントは、「話をよく聞いてくれるかどうか」です。かかりつけ医は、患者さんの症状を総合的に把握し、必要に応じて専門医や高度な治療を提供する医師へ紹介する役割も担っています。そのため、患者さんの話をじっくりと聞き、その背後にある生活状況や家庭環境まで理解しようとする姿勢が求められます。私自身も、診療においては症状だけではなく、その患者さんの性格や生活スタイルなども考慮しながら治療方針を決めることを大切にしています。医師が話をするより、患者さんに話してもらうことではじめて、その患者さんに合う最善の治療方針が導き出せるといえます。

もし、専門外の症状に対して「自分には分からない」と突き放すような態度や「自分の言うことだけ聞いていればいい」といった独りよがりな医師であれば、かかりつけ医としての役割を十分に果たしているとはいえません。選ばないほうがよいでしょう。

ところで、最近はかかりつけ医も高齢化が進み、次の世代へ引き継ぐケースが増えています。若い医師は経験がまだ浅く、高齢者が抱える悩みや生活の状況などに想像が及ばないことがあるかもしれません。その場合、ある程度経験を重ねた50代、60代以上の医師と相性が合いやすくなります。しかし、年齢だけでだめだと決めつけず、その医師がどれだけ親身になって話を聞いてくれるか見極めてみてもよいと思います。私のクリニックには地域研修の一環として市立病院から毎年、若い医師が研修に来るのですが、本当に誠意をもって患者さんと向き合っている医師が多いです。

相性の合うかかりつけ医をどうやって探せばよいのか、具体的にかかりつけ医を見つけるステップを示しておきます。

〈相性の合うかかりつけ医の見つけ方〉

(1) 通院しやすいクリニックをリストアップする

まず、通院可能な範囲にある内科系のクリニックを数カ所ピックアップしましょう。無理なく通える場所にあることが、長期的に安心して通院できるための基本条件です。

(2) 軽い症状で診察を受けてみる

風邪などの軽い症状のときに、実際に受診してみましょう。診療の際には、医師の説明が分かりやすいか、対応に親しみを感じられるかをチェックします。医師との相性は、患者として直感的に感じることが多いです。例えば、話しやすさや説明の丁寧さがポイントです。「この医師なら信頼できそう」と感じるかどうかは、診察を受けることで自然に分かってくるものです。何も難しく考える必要はありません。知り合いや友人関係を築くときとほぼ同じです。最初に会って一言、二言話しただけで、自然と打ち解ける人もいれば、なかなか会話が弾まない人もいます。それと同じです。

(3) クリニック全体の雰囲気も確認する

クリニックの雰囲気も、医師の考えや方針が反映されていることが多いです。受付の対応や待合室の様子を観察し、落ち着いて過ごせるかどうかも重要なポイントです。

(4) 「相性が合う」と感じたら、かかりつけ医に

完璧な相性を求める必要はありません。総合的に「この医師なら信頼できる」と感じた

ら、その医師をかかりつけ医として継続して通ってみましょう。もし、最初の診察で違和感を覚えた場合は、ほかのクリニックにも足を運んでみるのもよいです。

自分に合ったかかりつけ医を見つけるためには、多少の時間と手間をかけてでも、自ら探しだす姿勢が大切です。2~3軒ほど試してみることで、どの医師が自分に合うかが次第に分かってきます。もちろん、最初から「ここだ」と感じられる場合もありますが、焦らず選ぶことが、将来的に安心して医療を受けるための土台となります。

脳血管障害や心筋梗塞の原因となる動脈硬化を加速させるのは生活習慣の積み重ねですが、そのような生活習慣を改善するには、あなた自身が行動を起こす必要があります。そしてあなたが行動を起こしやすいように、話を聞いて、適切な提案をして伴走してくれるパートナーがかかりつけ医です。ぜひ、「相性」という視点をもって、長い人生の健康を支える強い味方を引き寄せてみてください。

知人の体験談と医師のアドバイス、どっちを信じる?

最近、少し気になっていることがあります。それは、知人やテレビ、またSNSなどで発信されている情報をうのみにしてしまう人が多いことです。

「○○にはこの食材がいいらしいよ」「その薬、飲まなくても大丈夫じゃない？」こんな会話をよく耳に挟みます。情報を集めることはとてもよいことです。でも時々、その情報に振り回されてしまう人がいるのも事実です。例えば、「○○には○○が効く」といった話だけを聞いて、そればかりを食べ続けていると、栄養が偏ってしまいます。どんな食材にもよい面はありますが、それだけで健康が保たれるわけではないのです。医師として「バランスよく食べることが大切」と、いくら話してもどうしても聞き入れてもらえないときもあります。

人は、不安なことがあると、それらを簡単に解決してくれそうなことに飛びついてしまう傾向があります。ただ、注意してほしいのは、その情報が断片的な知識にすぎない場合もあるということです。いくら病気の知識が増えても、その病気の背景にある医学的な基礎知識まで理解するのは難しいことがあります。医師は、解剖学や薬理学、消化のメカニズムなど、身体の基本から徹底的に学んだうえで診察にあたっています。そういう点において、医師からのアドバイスは「全体を見据えた視点」に基づいたものとして、もっと利用してもいいと思うのです。

また、自分の判断で処方されている薬をやめてしまう人もいます。以前、高校の同窓会に参加したときのことです。旧友が「医師に薬を処方されたのだけど、自分の判断でやめた」と話していました。私は医師の立場から、「かなり危険なことだから医師の判断を仰いだほうがいい」と伝えました。もし、医師に相談した結果、その内容に納得できなかったり、不安に思ったりするようなことがあれば、納得できるまで質問するなり、セカンドオピニオンを聞くなりすればいいのです。正しい情報を集めることのほうが重要です。

食生活は無理せず「バランス」が大事

生活習慣病を予防するために欠かせないのが食事です。「健康的な食事を心がけて」と言われたら、好きなものが食べられなくなると落ち込んでしまっていないでしょうか。そんな心配はしなくて大丈夫です。肉も魚も野菜もバランスよく食べることができればよいのです。塩分やカロリーを極端に制限する必要もありません。「塩分を控えなきゃ」と思いつめて、食事が楽しめなくなっては本末転倒です。おすしを食べるときにしょうゆの量を少し減らしてみたり、塩分の多い食事は週に数回にしたり、できる範囲で工夫することが大切です。アルコールも同じです。無理して禁酒するよりも、一度の量を減らしたり、毎日飲んでいたのを休肝日も設けたりするほうがストレスなく続けられます。

私は今も週5日、アルコールを楽しんでいます。以前は毎晩飲んでいたのを、5年前から週2回の休肝日を設けたのです。主に休日の夜の楽しみとし、月曜日は飲まないと決めたり、飲むときはビールのロング缶1本程度と決めたりしています。妻も協力してくれ、休肝日にはお酒を飲みたくならないような料理を用意してくれているので助かっています。

実は私は、軽度の糖尿病を患っており、60代に入ってから薬を継続しています。薬を利用することで我慢しすぎない食事が実現し、生活全体を楽しむ余裕を作ることができています。

中には「薬に頼るのはよくない」と服用しない人もいます。薬は医師があなたの状態に合わせて処方してくれる、健康を守るための一つの手段です。必要なときに上手に取り入れることができれば、余裕のある生活を続けることにもつながります。

健康管理でいちばん大切なのは、バランスと継続です。自分のペースで無理なく取り組める方法を模索してみるのもよいでしょう。

生活習慣病の予防に最適なウォーキング

「健康のために何か運動を始めよう！」と思っても、何をどう始めればいいのか迷うことはありませんか？　そんなときこそ、手軽に始められるウォーキングがおすすめです。ウォーキングは生活習慣病や動脈硬化の予防・改善にとても効果的な運動です。特別な道具も必要なく、場所を選ばずすぐに始められるのも魅力です。ウォーキングの効果はたくさんあるのですが、その一部を紹介します。

〈ウォーキングの効果〉

・高血圧の改善

ウォーキングは血圧を下げるのにとても効果があります。有酸素運動であるウォーキングを続けると、脂肪燃焼を促進し、自律神経を安定させることで血圧を下げてくれるのです。実際にウォーキングを習慣化することで、最高血圧が約3・5㎜Hg、最低血圧が約2・5㎜Hg低下するという報告もあります（厚生労働省「e‐ヘルスネット〈高血圧症を改善するための運動〉より」）。

・血糖値の改善

食後に15分程度の軽いウォーキングを取り入れると、血糖値の急激な上昇を抑えることができます。また、インスリンが効きやすい体質になり、糖尿病予防にもつながります。「食後のちょっとした散歩」は単に気持ちがいいだけでなく、健康管理にとても大きな役割を果たしてくれるのです。

・動脈硬化の進行抑制

ウォーキングは中性脂肪を減らし、ＨＤＬコレステロール（善玉コレステロール）を増やす効果もあり、脂質の値の改善にも効果的です。脂質の値が改善されると、動脈硬化の進行が抑えられ心臓や血管にかかる負担も減り、老後も安心して過ごせる体を作ることができます。

・認知症の予防

ウォーキングによる有酸素運動が脳の血流を促進します。それにより、認知症の進行を遅らせたり、予防したりする効果が期待できます。中高年以降は、脳の健康を守るためにもウォーキングを取りいれることをお勧めします。

・筋力維持と転倒防止

年齢を重ねると筋力が落ちてしまうのは避けられません。でも、ウォーキングを続けることで太ももやふくらはぎの筋肉を鍛え、転倒リスクを減らすことができます。また、バランス感覚もよくなるので、日常生活での動作がスムーズになります。これだけでも日々の生活がぐっと楽になります。

・メンタルヘルスの向上

自然の中を歩くと心が軽くなるのを感じたことはありませんか？　ウォーキングにはリフレッシュ効果があり、ストレスや不安も和らげてくれます。日光を浴びることで、「幸せホルモン」と呼ばれるセロトニンが分泌され、気分も明るくなります。友人や家族と一緒に歩けば、会話を楽しみながらつながりを深めることにもなります。

・睡眠の質の向上

「最近よく眠れない」と感じることがあれば、定期的にウォーキングをすることで体が自然に疲れて、深い睡眠が得られやすくなります。老後に多い睡眠障害や不眠を予防・改善する手段としても有効です。

京都府立医科大学の研究チームによると、健康寿命を延ばすために目標となる歩数は１日９０００歩であることが分かっています。１日９０００歩までは、歩数が増えるにつれて効果が明確に高まりますが、それ以上はほとんど差がないようです。この目標値を一つの目安にできます。

ただし、ウォーキングも１日何歩、何分以上歩かないといけない、と気負いすぎる必要はありません。自身の生活習慣に合わせて、１日15分でも30分でも、５０００歩でも、できる時間にできる範囲で始めることです。食生活と同じように、何より継続が大切です。

私の老人ホームの入居者には、朝６時頃に散歩に行って１時間半ぐらいゆっくり歩いて帰ってくる人が何人かいらっしゃいます。私も妻と一緒に月に数回、近くの公園をウォーキングしています。悩みがあるときは、歩いているだけでストレス発散になりますし、歩いている間に思わぬアイデアが浮かぶということもあるので、ぜひ試してみてほしいです。

関節疾患や転倒も寝たきりの要因に

「いつまでも自分の足で歩きたい」……元気なうちはあまり考えないかもしれませんが、年を重ねて足腰が弱くなってくると、あなたも強く願うようになるかもしれません。

私は70代のときに膝に人工関節を入れる手術をしています。膝が痛くて立っているだけでもつらくなってしまったのです。原因はおそらく、趣味で20年続けた茶道かもしれません。それまで全く正座をする習慣などなかったのに、急に正座をする時間が増え、その負担が膝にきたのではないかと思っています。整形外科に1年通院してさまざまな治療を試みてもらいましたが、いっこうに良くなりませんでした。そこで人工関節を入れる手術にふみきることにしたのです。幸いなことに手術が成功して、今は元気に自分の足で歩くことができています。しかし、膝が痛いのを放置したばかりに歩けなくなってしまうケースは少なくありません。悪化する前に、整形外科を受診してしっかりと検査・診断を受け、どんな治療が必要かを判断してもらうことが大切です。

また、転倒にも十分気を付けなければなりません。筋力が衰えてくるとバランスもとりづらくなり、どうしても転倒しやすくなります。転倒しやすい場所としては、階段の下りや段差などの場面が挙げられます。また、意外と多いのが家の中での転倒です。普段から床にあまり物を置かないようにし、整理整頓しておくように心掛けましょう。転倒によって頭部をぶつければ、硬膜下血腫になるリスクがありますし、腰や大腿骨を骨折してしまうこともあります。万一、転倒した際に骨折を防ぐ対策として、骨自体を強くしておくことも大切です。特に骨粗しょう症が心配な場合は、整形外科で骨密度を測ってもらうと安心です。必要に応じて骨密度を上げる薬を利用してもいいかもしれません。とにかく、骨折や手術などでベッドで過ごす時間が増えないようにすることです。体力や筋力が落ち、気づいたときには寝たきりになっていた……そんなケースもあるのです。

実は認知症も寝たきりの大きな要因です。重度になると歩くことや立つことも困難になり、寝たきり状態になってしまうことがあるので、できるだけ進行を遅らせたいところです。

認知症は悪いことばかりではない

高齢になると多少なりとも、認知症的な要素が加わってくる人が増えていきます。厚生労働省によれば、80歳代では約4割、90歳以上では男性の約半数以上、女性の8割以上が認知症とされています。

そのため、「自分が認知症になったらどうしよう」と不安になる高齢者は多くいます。しかし、認知症は悪い面ばかりでもありません。認知症は人間を死の恐怖から救うために神がくれた贈り物だという考え方を聞いたことがあります。確かに、死の恐怖から解放され、嫌なことを忘れることができるともいえます。程度の軽い認知症であればそんなふうに受け入れやすいかもしれません。

私の老人ホームにも認知症の方はいますが、周りからのお世話を受けて、非常に穏やかに過ごされている人もいます。一緒に入居していた夫を先に亡くしたのですが、それも覚えておらず、いつもニコニコしています。夫を亡くした悲しみが分からないのはある意味つらいことともいえますが、つらくなりすぎずにすむという利点もあることを感じます。

認知症は、物を覚えられなくなっても感情は最後まで残ります。認知症になってからの生活で大事なのは、「楽しいな」「うれしいな」「安心だな」という感情を持ちながら生活をするにはどうすればよいかを考えることです。

また、認知症には2つのタイプがあります。1つは非常に穏やかなタイプです。この場合、家族やヘルパーなどお世話をしてくれる周囲の人からは好かれやすくなります。もう1つは、非常に暴力的なタイプです。この場合には、本人も周りの人も苦労します。認知症の原因は、まだはっきり解明されておらず、自分がどちらのタイプになるかも、分かりません。ひょっとしたらそれまでの性格が影響しているのかもしれませんし、そうでないことも考えられます。しかし、暴力的になるのは、何かしらの不満や不安などがあると考えられます。認知症になったときのことを考えると、できるだけ周囲の人がよく話を聞いてくれ、不安をとりのぞくような対応をしてくれる環境を整えておくというのも一つの手立てになります。

これだけは押さえておくとよい緊急時のサイン

突然の体調不良に見舞われたとき、「これは様子を見たほうがいいのか、それとも病院に行くべきか」と迷った経験がある人は多いのではないでしょうか。しかし、いくつかの症状は、命に関わる緊急事態のサインかもしれません。ここでは、見逃してはいけない危険な症状を紹介しておきます。万が一、次のような症状が現れた際は、すぐに医療機関を受診するか、迷わず救急車を呼んでください。

(1) 手足の力が抜ける、しびれが生じる、呂律が回らない

これらの症状は、脳梗塞や脳出血の初期兆候の可能性があります。脳梗塞は、発症から4時間半以内に治療を開始すれば、血栓を溶かす「血栓溶解療法」(ｔＰＡ療法)で後遺症を防げることもあります。しかし、この時間を過ぎると脳の損傷が進行し、麻痺や言語障害などの深刻な後遺症が生じるリスクが高まります。もしこうした症状が現れたら迷わず救急車を呼んでください。

(2) 突然の激しい頭痛

「金づちで殴られたような頭痛」と表現される強烈な突然の頭痛は、くも膜下出血の可能性があります。脳の動脈瘤《りゅう》が破裂するこの状態は手術が必要です。このような頭痛が現れた場合もすぐに医療機関に連絡すべきです。命に関わる緊急事態です。

(3) 胸の真ん中に重苦しい痛みが生じる

胸の真ん中が重く押しつぶされるような痛みや圧迫を感じたら狭心症や心筋梗塞の症状かもしれません。冷や汗や息苦しさが伴う場合は特に注意が必要です。これを放置すると、命を失う場合もあり得ます。このような症状が現れたらすぐに医療機関へ行きましょう。

(4) その他の緊急サイン

次のような症状も、緊急事態の可能性があります。

・意識の混濁や激しいめまい（脳内出血や脳梗塞）
・吐き気を伴う強烈な腹痛（腸閉塞）

いずれにせよ、これらの症状は「時間との勝負」です。自己判断で様子を見ようとせず、早めに医療機関を受診することが命を守るカギとなります。「緊急サイン」を知っておくことは、自分だけでなく家族や友人を守る大きな力にもなります。

病気を必要以上に恐れなくていい

幸せな老後を脅かす病気……誰もが少なからず不安に感じることと思います。でも、大切なのは、「病気を恐れすぎないこと」です。そのうえで、自分にできる範囲で健康管理を続けることが、穏やかな毎日を支えてくれます。

「ピンピンコロリ」で最期を迎えたいという希望をよく耳にしますが、突然の死は残された家族にとって心の整理がつかず、悲しみや後悔を残すこともあります。一方で病気を患うことで家族や友人との時間を大切にし、心の準備をする時間を得られることもあります。どちらが良い悪いではなく、「どのように最期を迎えたいか」を考え、日々の健康管理を怠らないことです。

健康診断の数値が多少悪くても、悲観する必要はありません。その後の管理次第で十分に健康を維持し、日常生活を支障なく過ごすことは可能です。最もよくないのは、悪化した数値を放置してしまうことです。自覚症状がない場合、病変が進み重大な病気につながるリスクが高まります。

年を重ねるほどに、健康状態や身体機能には個人差が顕著に現れることを実感することと思います。この差は日々の生活習慣と定期的な健康チェックの積み重ねで決まるのです。残念ながら、健康維持に「特効薬」や「裏技」は存在しません。バランスの良い食事、適度な運動、そして必要に応じた薬の調整が「人生１００年時代」における健康を保つための最も確実な方法です。

私は70代になってから、心臓の動脈を広げる手術をし、白内障の手術もしました。その1年前には膝の手術もしています。また、軽い糖尿病と診断されており、重症化を防ぐために食事や運動に適度に気を配り、弱い薬も飲んでいます。そして、今は突発性難聴を抱えています。突発性難聴は原因がよく分かっていない病気で、脳も調べてもらったのですが、原因は見つかりませんでした。今は、補聴器をつけながら生活しており、日常会話に困ることはありません。耳に刺激を入れていると、だんだん聞こえるようになると耳鼻科の医師から言われており、継続して治療を受けています。

このように、私自身も少なからず病気や不調が起きています。しかし、その都度、向き合い、対策を取ってきて今に至っています。重要なのは「年だから仕方ない」と諦めない姿勢です。健康な身体は日々の努力の延長線上に作られています。病気になれば青天の霹《へき》靂《れき》のように感じるかもしれませんが、多くの場合生活習慣の積み重ねの結果なのです。完全に防ぐことはできなくても、リスクを可能な限り減らして健康管理をしていくことは老後を幸せに過ごすうえで欠かせないことです。

第３章

家族や友人、地域との関わりが「最期」に表れる

老後を幸せに過ごすために知っておきたい「人間関係」のこと

夫婦の信頼関係は幸せな老後の土台

老後を幸せに過ごすための第一歩は身体のケアですが、それだけでは十分ではありません。私たちが感じる幸せは、家族や友人、地域社会とのつながりといった人間関係に大きく依存しているからです。そして、その心の充足感を支えるのは、何よりも身近な「夫婦の絆」ではないでしょうか。老後に突入すると、定年や子どもの独立を経て、夫婦だけの時間が圧倒的に増えます。このとき、二人の関係が支え合うものか、それともすれ違うものかによって、その後の人生が大きく変わってしまいます。

夫婦の関係は、長い年月を通じて少しずつ育まれるものですが、人生の最期には、その絆の深さがはっきりと浮き彫りになります。それを実感したのは、大学病院で筋萎縮性側索硬化症（ＡＬＳ）の男性２人の治療を担当していたときのことでした。

ＡＬＳは徐々に筋肉が衰え、最終的には自力で呼吸や食事をすることが困難になる病気です。患者さんはもちろん、家族にも非常に重い負担がかかります。

１人の患者さんの奥さんは、病院から遠く離れた自宅から毎日、バスや電車を乗り継いで面会に来られていました。「夫にはこれまでよくしてもらったから、今度は私ができる限りのことをしてあげたい」と語るその言葉には、深い愛情が込められていました。ご主人が病院で亡くなったあとも、彼女は医療スタッフに感謝の意を伝え、夫婦としての最期の時間を心から大切にしていたことが伝わってきました。

一方、もう1人の患者さんの奥さんは、ご主人の治療を拒否し続けていました。「どうせ治らないんでしょう」と冷たく言い放ち、病院に来ることもほとんどありません。そのご主人は病院で一人さみしく亡くなりました。あとで分かったことですが、ご主人の浮気が原因で夫婦関係が冷え切っていたのです。夫婦関係はそれぞれです。自業自得と言えばそれまでですし、奥さんも心の中では葛藤や苦しさを抱えていたのかもしれません。しかし、いずれにせよ、これまで培ってきた関係性が最期の瞬間に色濃く反映されるのだということを、そのときつくづくと思い知ったのです。

私が運営している老人ホームでは、夫婦で一緒に入居される方がいますが、「絶対に別々の部屋にしてほしい」と訴えるケースがあります。嫌な相手と残りの人生をともに過ごすのはつらいことなので、距離をおくことで穏やかに過ごせるならそれも一つの方法です。

一方で、80代後半から90代になって夫婦そろって元気に過ごせていることに感謝しているご夫婦もいらっしゃいます。趣味や興味の対象などは違っても、ホームの中の集まりがあると、夫婦そろって参加される仲睦まじい姿を見るのはとてもほほえましく、互いに感謝の気持ちを持って過ごすことが幸せな老後につながるのだと改めて教えられます。

もし、「夫婦としてこの人と最期まで生きていこう」という覚悟があるのなら、今からでも思いやりを持ちながら接することは、決して遅くないと思います。

私自身、忙しい日々にかまけて、家族のことをおろそかにしてしまった過去を振り返ることがあります。大学病院勤務時代は夜勤が多く、家で過ごす時間はほとんどなく、幼い息子と遊ぶこともままならない日々でした。今では、もっと家族との時間を大切にしておけばよかった、妻にも苦労をかけて申し訳なかった、と反省しています。

今、私は妻と二人暮らしで、二人ともまだ現役で働いています。私は朝早くクリニックへ出勤し、しばらくしてから、妻も同じ建物内にある私が運営する老人ホームに出勤するという生活です。私が老人ホームを開設して以来、妻にも運営を手伝ってもらっているのです。妻にはできるだけ元気でいてほしいですし、できるだけ長く一緒に過ごせるようにしたいと思っています。そして一緒に過ごす時間が長い妻との関係を良好に保つことは、お互いの幸せに直結します。「一緒にいて楽しい、幸せだ」と感じてもらうには日々の小さな気配りや努力も必要です。改めて、「この人と最期まで添い遂げるのだ」と覚悟することが、これからの新たな夫婦関係の始まりとなるように思うのです。

信頼関係は「ありがとう」というストレートな言葉で築く

夫婦の関係はもちろん、人間関係を豊かにしていくにはどうしたらいいのでしょうか。私は、感謝の気持ちを伝えることだと考えています。若い頃はまだまだ先があるので「いつかそのうちに伝えよう」と思いがちです。また、言葉にしなくてもその場をやり過ごせたりする場面もあったと思います。しかし、「いずれそのうち」「分かってくれているだろう」なんて思っていると、老後に後悔することのほうが多くなってしまいます。だから私は、「うれしい」「助かった」「楽しい」と思ったらすぐ、「ありがとう」と口に出して伝えるようにしています。妻に何かしてもらってうれしいと思ったら「うれしかったよ、ありがとう」と言う。子どもに何か手伝ってもらって助かったと思ったら「助かったよ、ありがとう」と言う。友人と過ごして楽しい気持ちにさせてもらったら「本当に楽しい時間でした、ありがとう」と言う。これだけです。何も難しくはありません。

もし、「照れくさいから」「なんとなく分かってもらっているだろう」とそのままにしていたら、自分の気持ちはほとんど伝わっていないと思ったほうがいいでしょう。何も大げさに言ったり、かしこまったりする必要はないのです。私自身、妻にありがとうを伝えるのに、特別な日や記念日に特別な方法を考えて感動させるというようなおしゃれな演出はできない性格です。しかし、日常の中で「ありがとう」という言葉は、妻にも、職場のスタッフにも、医師会の仲間にも、診療にくる患者さんや老人ホームの入居者にも、本当に何度も口にしています。感謝の気持ちはすぐにその場で、ストレートに。今日からやってみてはどうでしょうか。

夫婦での時間を大切にしながら、ともに過ごす喜びを見つける

夫婦で一緒に過ごす時間を増やすことから始めると、おのずとお互いの関係が深まっていきます。例えば、私の場合は家の近くに「昭和の森」という大きな公園があり、季節ごとの自然を感じながら妻と一緒にウォーキングを楽しんでいます。夏は朝の涼しい時間、冬は少し暖かくなった昼間に出かけ、花の名前を教えてもらいながら、時には写真を撮る

こともあります。この1時間から1時間半の時間が、二人の関係を整え、共通の話題を生み出してくれる大切な時間となっています。

一人で過ごすより、やはり二人のほうが楽しいと感じます。不思議なもので、面と向かっているときよりも、同じ方向を見ながら歩いているときのほうが会話も自然にはずむものです。老人ホームの運営のこと、孫のこと、お茶や写真のことなど、普段気になっていることからたわいのないことまで、結果的にこの時間で共有していることが多いと思います。夫婦で同じ方向を向いて歩くという、ただそのシンプルな行動が、何気なくても深いつながりを生んでいるように感じます。

また、月に1回は二人で少し遠出したり、連休のときは、旅行に行ったりしています。こうして体が動くうちにできるだけ一緒にいろいろな場所に出かけたいと思っています。ほかにも妻の趣味である茶道に一緒に参加させてもらったり、また私の趣味であるカメラ仲間の集まりに妻に一緒にきてもらったりすることもあります。お互いの好きな世界を尊重しながら、新しい発見を共有できるのも、楽しいと感じます。

私たちは、人間ドックにもずっと夫婦で一緒に行っています。これもやはり健康で一緒に過ごせる時間を少しでも増やしたいと思っているからです。どちらか一方だけが元気でも、ともに過ごす時間を楽しむことはできません。もしどちらかに異常が見つかったとしても、食事療法や生活指導など、片方だけが頑張るのではなく、お互いに協力しながらやっていきたいと思っています。そういう意味でも同じタイミングで健康管理に気を配るよい機会になっています。

親子の良好な関係も幸せな老後に直結する

夫婦の関係と同じくらい、親子の関わりもまた、老後の幸せに大きく影響します。例えば、月に一度でも子どもや孫が顔を見せてくれると、家の中が急に明るくなったり、孫の笑顔が生きる活力になったりするものです。「元気にしてる?」と電話一本くれるだけでも、気持ちが温かくなるものです。

一方で、私は断絶した親子もたくさん見てきました。親の最期の時期が近づいているにもかかわらず、病室で互いに目を合わすことすらせず、言葉もいっさい交わさない親子、親に対して冷ややかで軽蔑したような態度をとる子どもの姿……また、親が絶対に子どもに連絡を取らないケースもあれば、子どもに連絡をいれてもまったく姿を現さないケースもありました。一人ひとりの詳しい事情は私には知るよしもありませんが、そうした親子の間にはなにか得体のしれない大きな壁、あるいは深い溝のようなものがあるのをひしひしと感じました。

亀裂が入った親子関係を放置していたら、その関係を修復することはどんどん難しくなります。年を取るにつれて感情や固定観念が強くなりやすいため、互いに歩み寄る機会を逃してしまうのです。

私は、親子関係を良好に保つカギは、子どもの選択や生き方を尊重し、無理に自分の理想を押し付けないことだと思っています。私自身の話をすると、息子は今、循環器内科の専門医として大学病院に勤務しています。一人息子ですが、私のクリニックや老人ホームを継ぐ予定はありません。というのも、彼は自分の専門の道を究めたいと考えており、その選択を私も心から尊重しているからです。クリニックや老人ホームはもともと、私自身がやりたくて始めたことで、息子には息子のやりたいことがあって当然です。私は息子の人生を全うしてほしいと願っています。

しかし、自分が歩んできた道や抱いていた夢を子どもに託そうと考える人も多いです。私の知り合いの医師にも、息子にクリニックを継いでほしいと強く望んでいた人がいました。彼の息子はその期待に応える形で、医学部に進み、医師になりました。ところが、彼がかねて持っていた音楽への情熱が消えることはなく、最終的には医師を辞めて、音楽活動に専念するという決断を下したのです。親にとってこの決断は容易に受け入れられるものではなく、親子間で多くの確執があったと聞いています。

こうした状況を目の当たりにするたびに、私は「親の期待」と「子どもの夢や目標」のズレが原因で親子関係がこじれてしまうケースが多いことを感じます。親が「こうあるべきだ」という固定観念に固執することで、子どもの自由や意志を縛ってしまいがちです。その結果、口論になり、最終的には絶縁状態になるという悲しい結果を招いてしまうのです。

大切なのは方法ではなくて目的です。私の目的は、私がいなくてもクリニックや老人ホームをこれまでどおりに運営していけるようにすることです。それが実現できれば方法はなんでもよいのです。今や承継のスタイルは多様化していて、第三者に譲渡することも増えています。目的を達成するための解決方法は一つではなく、いくつも考えられるはずなのです。息子が引き継ぐことができれば、もちろんそれもうれしい選択肢ですが、別の方法でも実現できるのであれば、それもまた一つの選択肢です。

子どもの行動が自分の思いとは違っていると感じたときは、ふと立ち止まってみるのも大切です。「自分の考えだけに縛られていないだろうか？」「ほかにもっと良い方法があるのではないか？」そう問いかけてみるだけで、見えてくるものが変わるかもしれません。

家族はいざというときに一つになれたらいい

自分たちが老後に差し掛かる頃、多くの場合、子どもたちは自立し、結婚をして家庭をもって毎日を忙しく過ごしている時期です。会う機会も減り、どこか疎遠に感じることもあると思います。子どもの結婚によって親子関係に変化が生じたり、子どもの家族との新たな関係性に戸惑ったりすることもあるかもしれません。

ある90代の女性からこんな話を聞きました。彼女には一人息子がいるのですが、その妻とは結婚式以来、一度も顔を合わせたことがないというのです。ご主人が亡くなった際も、息子は葬式には来たけれど、妻の姿はなかったといいます。また、別の80代の女性は、孫の成人式のお祝いに着物を贈ったものの、何の返事もないと嘆いていました。これらはとても極端な例ですが、子どもや家族との関係が良好でないと、このようないら立ちや悲しさを感じることが増えるかもしれません。

ただ、子どもたちが自分の家庭を優先するのは当然のことです。「あまり会いに来てくれない」「時々しか連絡がない」という程度のものは、嘆くほどのことではありません。私も息子家族とは時々、連絡を取り合う程度です。同じ市内に住んでいますが、息子は大学病院勤務で忙しく、孫は中学受験を控えているため、年に数回しか会えません。私たちのように距離が近ければ2カ月に1度くらい、もし、お互いの家族が遠方の場合は、年に1、2回会えれば十分ではないでしょうか。大切なのは、定期的にコミュニケーションをとり続けることです。といっても子ども家族から連絡が来るのをただ待つだけでは、そのような機会はなかなか訪れません。こちらから適度に声をかけて関係を築いていくのです。電話やビデオ通話で顔を見て話すのも一つの方法です。つかず離れずの一定の距離を保ちながらもお互いの状況を知ることで、理解し尊重し合うことができ、よりよい関係が築きやすくなると思います。

よく「子どもたちには迷惑をかけたくない」「子どもたちの世話になりたくない」という声を聞きます。その思いからかえってコミュニケーション不足になったり、自分たちだけでものごとを背負いすぎたりすることのないようにしてほしいと思います。人はどうしたって、一人では生きていけません。生まれてきたときも、亡くなるときも、誰かの世話になっています。世話になったら「ありがとう」と感謝の気持ちを伝える、それでいいではありませんか。私も今のところ、妻と二人の生活に特に問題を感じることなくやれていますが、それでもやはり、息子夫婦や孫と会いたいですし、どちらかの家族に困ったことが生じたときには一緒に力を合わせて解決しようという思いを常に持っています。

家族は普段、それぞれに生活をしています。それでも「いざというときに一つになれる」関係を目指すことが老後の心強い支えになると思います。

老人ホームを運営していると、子ども家族が親の幸せを真剣に考えている姿に触れることがあります。親の好みに合った環境やケアが提供される施設を一所懸命に探して、入居後もこまめに連絡をとっている家族は、親子関係がさらに深まっているようです。こうした家族の一所懸命さは、親の幸せを引き出し、その結果として、家族全体にも良い影響をもたらしていると感じます。

一方で、親の幸せよりも、自分たちの手元に残るお金や負担を考えることに重点をおきすぎる家族もいます。入居先を決める際に「最も安いところで」といった視点にこだわるあまり、親の希望や快適さを後回しにしてしまうと、やはりその結果はどこかものさみしいものになりがちです。結局、家族の思いやりや連携が欠けていると、家族全体にも負の影響を及ぼします。

こうしてみると結局、長年にわたる家族関係もまた人生の最期のときに色濃く表れてくるのです。家族の誰かが幸せになれば、ほかの家族も幸せを感じる——そんな連鎖をうむ関係が家族の基本的なあり方だと思っています。

昔からの友人や知人を大切にする

退職後は、新たな人間関係を作るチャンスが限られるため、昔からの友人や知り合いとの関係を続けることも、老後における心の大きな支えとなります。

特に同窓会では、数十年ぶりに会った人でもすぐに距離が縮まります。たとえ、学生時代はそれほど親しくなかった相手であっても、共通の思い出があるから、なつかしさや親しみを感じ、打ち解けやすいことが多いと思います。同世代なので身体の不調や家族の問題といった老後特有の悩みも共有しやすく、話題は尽きないはずです。

また、現役時代、会社員として働いている間は、どうしても職場や同じ業界の人との付き合いが中心になってしまいますが、学生時代の友人たちは、さまざまな職種や異なる人生経験を持つ人が多いものです。そのため、普段とは違う視点や価値観に触れることができる貴重な機会にもなります。

これまで忙しくて同窓会に参加していなかった人、また、同窓会なんて昔話ばかりで退屈だと思っていた人もいるかもしれません。しかし、実は同窓会には、新たな出会いや新たな世界を開くきっかけになる可能性が十分にあるのです。

私も同窓会に出るようになって、趣味の仲間が増えました。実は、私は、中高生時代は友達も少なく、部活動やグループ活動にも参加していませんでした。人と関わることがあまり得意ではなかったのです。いつも一歩引いてみんなのことを眺めているような生徒でした。今ではそんな昔の振る舞いを反省して、同窓会があれば必ず出席し、そこで出会った人と積極的に交流するようにしています。「学生のとき親しい人がいなかったから」といって家にこもっていては、世界はどんどん狭くなってしまうだけです。

また、同窓会の幹事を務めることも、知り合いを広げる一つの方法です。幹事になれば、自分から人と連絡を取り合う機会が増え、自然と新しい知り合いも増えていきます。幹事を通じて、今までまったく知らなかった人たちとも親しくなれますし、友人関係を深めるきっかけにもなります。また、皆から「ありがとう」と感謝もしてもらえますので、やって損はありません。

実は私は、まもなく大学を卒業し55周年を迎えます。コロナの影響でずっと同窓会が開催できていなかったので、今、自ら声を上げて55周年企画の同窓会を考えているところです。規模が大きくなると一人で開催するのは難しく、3～4人に呼び掛けて役割分担をしています。学生時代にグループ活動をしてきませんでしたが、今、それと似たようなことをさせてもらっている感じです。

新たな人間関係を構築する際には、これまでの経歴にはこだわらない

私が運営する老人ホームに入居している方のなかに、スポーツインストラクターとして働いていた女性がいます。彼女はある日の早朝、近くの公園でグラウンドゴルフをしているグループを見つけて、自分も一緒にしたいと思い、直接そのグループに問い合わせをして仲間に加わったそうです。今では定期的にその活動に参加し、休日は仲間と一緒にバス旅行に行くなどして楽しんでいます。これは彼女の行動力のたまものです。老人ホームで

の生活を見ていても、うまく人間関係を築いている人の共通点は彼女のように自分からほかの人に積極的に声をかけて、よい関係を作ろうという姿勢を持っていることのように思います。

また、新しい人間関係を築く際のコツは、「これまでの経歴にこだわらない」ことです。これまでに華やかな経歴を持っている人ほど、過去の栄光に固執してしまう傾向があります。「以前は大きなプロジェクトを率いていた」「部下が何人もいた」そんな過去の話を誰かに聞いてほしくなるかもしれません。また、相手のこともどんな経歴を持っているかで評価しがちです。しかし、こうした過去の尺度だけで自分や相手のことを見ていては、「今」のあなたの本当の魅力を表現できませんし、周囲の人の魅力もキャッチできません。定年後は、これまで所属していた組織や肩書から離れて、一人の人間として、目の前にいる人をいかに楽しませられるか、また、敬うことができるか、そんな姿勢こそが大切になってきます。

もちろん、「昔話は一切するな」というわけではありません。興味をもって聞いてくれる人もいるでしょうし、そこから共通点が浮かびあがってきてより親密になれることもあります。しかし、過去の栄光や功績に固執しすぎたり、話を盛りすぎたりするのは避けましょう。それよりも、歴史講座の仲間なら一人の歴史好き、テニス教室なら一人のテニス好きとして、新たな気持ちで仲間に入っていくほうが打ち解けやすくなることは間違いありません。「今この場にいる自分」をどれだけ輝かせることができるかに焦点を当て、これからどんな新しい経験ができるかを考えるほうが、日々がもっと楽しくなるはずです。

嫌な人とは無理に付き合わなくてよい

人生において大切なのは、家族や友人たちと過ごす時間を穏やかで楽しいものにすること、そして自分の好きなものに打ち込んで過ごすことだと私は思っています。

信頼できる家族や友人がいれば、一緒に出かけたり、食事をしたり、心から楽しめる時間を共有できます。安心して心を許せ、自分のことを理解してくれる人がいれば、それだけで大きな満足感が生まれてくるものです。また、こうした人間関係があるからこそ、私たちは自分の好きなことに安心して打ち込むこともできるものです。

しかし、人間関係は生ものですから、うまくいくときもあれば、いかないことも多々あります。どんなに親しい人でも、それぞれに良い面と悪い面があるものです。すべての人が完璧なわけではないので、その人の嫌な部分がどうしても受け入れられないと感じる場合もあると思います。そんなとき、その関係を無理に続けるのではなく、付き合わないという選択肢も大いにありだと思います。誰かを変えることを期待してまで付き合おうとすることは、結局、自分自身にストレスを与えることになります。

嫌な人間関係に縛られそうなときこそ、あまり内にこもらず、外に目を向けることが大切です。別の人との新しい出会いや活動を探してみるのです。それだけで、心に余裕が生まれ、より前向きに考えられるようになります。現役のときは仕事の関係で、嫌な人とも付き合わざるを得なかったかもしれませんが、リタイア後はそんなことをする必要はありません。自分の時間と人生は、心地よいもので満たしてこそ価値があるのです。こっちがうまくいかないのならあっちに行ってみる、それでよいと思います。少しくらいわがままになっても構いません。それが、豊かな人生を送るための一つのコツなのです。

「自分から動く」ことの重要性

年齢を重ねると「自分から動くこと」がますます大切になってきます。若い頃であれば、出会いや新しい経験が自然と向こうからやってきてくれました。私も現役時代には、周囲の流れに乗って、会合やイベントに参加したり、声をかけてもらったりする機会がたくさんありました。しかし、年を取ると、それらのチャンスはだんだんと減少していきます。「待っているだけでは何も始まらない」、この意識を持つことが、今後の人生を豊かにするための大切な考え方だと学びました。チャンスや出会いを積極的に迎えにいく姿勢が、老後の生活を活気づけてくれます。

自分から動くために私がしていることは、定期的な計画を立てることです。例えば写真仲間との食事会は毎年秋に私が声をかけて開催しています。決まった時期に設定することで、「今年もそろそろだな」と相手も準備しやすく、関係がスムーズに保たれるのです。小さなことですが、こうした定期的なルーティンを持つことが、人とのつながりを持続させるカギになります。

実際に「自分から動く」という習慣がついてくると、気持ちの変化にも気づくようになりました。自分から動くということは、自分で決めて行動するということです。これが増えると、不思議なことに「後悔する機会」が減るのです。「あのときこうしておけばよかった」と思うことが少なくなり、結果的にストレスも軽減されます。

このように「自分から動く」という行動は、年齢を重ねた今こそ重要だと実感しています。あとになって「あのとき、伝えておけばよかった」「もっと行動しておけばよかった」と後悔することがほとんどなくなり、自分の人生をより充実したものにできるのです。

年齢とともに誰にでも訪れる「頑固さ」と向き合う

ただ、年齢を重ねるにつれて、どうしても思考の柔軟性が失われていくという面があります。他人から何かを指摘されたときに、自分を正当化しようという感情が先立ってしまうのです。無意識のうちに体裁やプライドにこだわっているともいえるかもしれません。

先日のことです。私が車を運転していると、隣にいた妻から「運転が荒い」と指摘され、思わず「私は間違っていない」と感情的に反論してしまいました。頭では妻が正しいと分かっているのに、素直に受け入れられなかったのです。

このように若い頃であれば、他人の意見に対して、「そうかもしれない」と認められたことが、年を取ると簡単に認められなくなり「頑固だ」「怒りっぽい」と周りから思われることが増えます。これは私が高齢者やその家族の生活を見守る中でもしばしば目にしてきた光景でもあります。

「愚痴っぽくなった」「イライラしていることが多い」このような変化は、誰にでも訪れるものです。自分では気づきにくいのですが、周囲の人々は強く感じとっています。誰も、頑固で愚痴っぽくてイライラしている人と仲良くしたいとは思いません。気づかない間にこうした頑固さが原因で人間関係に不和が生じるのは非常にもったいないことですので、「他人の意見に耳を傾ける」ことも意識していきたいものです。

思いどおりにいかないことを受け入れ、気持ちを次に向ける

「こうあるべきだ」という先入観や固定観念をできるだけ手放すことも柔軟に考えることにつながります。

人はそれぞれ異なる価値観や意見を持っているので、自分の考えを相手にも強要することはできません。これは、私が日々の診療の中でも強く感じてきたことです。これまでの経験から、私は「相手を変えることはできない」「思いどおりにならなくても仕方がない」と強く感じるようになりました。しかし、これは何も悪いことばかりではないと思うので

す。「相手を変えることができない」と初めから理解していれば、できる限りそのままの相手を受け入れ、尊重しようという姿勢になれるからです。だから、私の息子が自分の道を進みたいといったときも心から応援できたのだと思います。

「相手を受け入れる」ことや「仕方がない」と感じることを、「諦め」や「負け」ととらえてしまう人もいますが、実は豊かな感情や関係を育むチャンスを秘めているといえます。

皆さんの中には、50代頃まではがむしゃらに生きてきた人が多いと思います。私自身もそうでした。組織の中で早く一人前として認めてもらいたいと、能力や技術を獲得するのに必死でした。目標に向かって意欲的に取り組んでいた時期です。そういうときは、どうしても譲れないこともありましたし、強いこだわりを持たなければ、やっていけなかった面もあったと思います。

しかし、60代以降は違います。すでに人生の中でも成熟期に達しています。多くのことを経験した私たちは、今度はそれぞれの人が持つ価値観や思いを受け入れていく年代です。喜びや楽しさだけでなく、怒りや悲しみといった悲喜こもごもさまざまな感情をすべて含めて、人生の一部として受けとめられるようになっていくのです。そう考えるとこれからの人生後半戦というのは、今まで以上に豊かに生きられる可能性があるといえます。

若い頃は、自分が正しいと思った考えを貫き、相手に理解させるために交渉や議論をしてきた人も、年齢を重ねると、残された時間が限られていることに気づくはずです。限られた時間を使って無駄な争いを続けるよりも、相手を受け入れ、そのうえで「自分は何ができるか」を考えることが、より有意義な生き方だと思います。

年齢を重ねていく今、何か一つのことに執着し続けることは、本当に意味がありません。大切なことや楽しみは、一つに限らず、ほかにもたくさんあるはずです。気持ちを早く次の楽しいことに切り替え、嫌なことにこだわらないようにする――それが、より充実した日々を送る秘訣《ひけつ》です。

もしも自分の思いどおりにいかないことに遭遇したら「それはそれ」「あなたはあなた、わたしはわたし」です。そうすれば腹を立てていたことも、自然と意識から消えて、心の健康にもつながるのです。

第4章

好奇心が健康長寿のいちばんの処方箋

老後を幸せに過ごすために知っておきたい「生きがい」のこと

老後を新たなステージにする「生きがい」

年を重ねることの利点はなんといっても、若い頃と違って知識と経験をたくさん身につけてきていることではないでしょうか。知識と経験を備えた私たちは、老後という新たなステージに入り、これから自分が本当にやりたいことに専念できるのです。定年後は、時間的にも精神的にも余裕が生まれます。これまで長い間、我慢してきたり、後回しにしたりしてきた、本当にやりたかったこと、好きなことに取り組める絶好の時期ともいえます。

「あれもできない」「これもできない」ではなく、「あれもしよう」「これもしよう」と、どんどん、自分が好きだったことを追求していきたくなるはずです。これこそが、老後を豊かにし、健康長寿につながる「生きがい」を育むきっかけとなります。

「生きがい」と聞くと、何か大きな目標を持たなければいけないと思うかもしれませんが、小さな喜びや楽しみでも十分です。「毎朝、お気に入りのコースを散歩する」「新しい料理に挑戦してみる」「友人との会話を楽しむ」そんな日々の中の小さな習慣が、意外にも心の支えになってくれます。

シニア世代がどの程度生きがいを感じているか（全体、年代別）

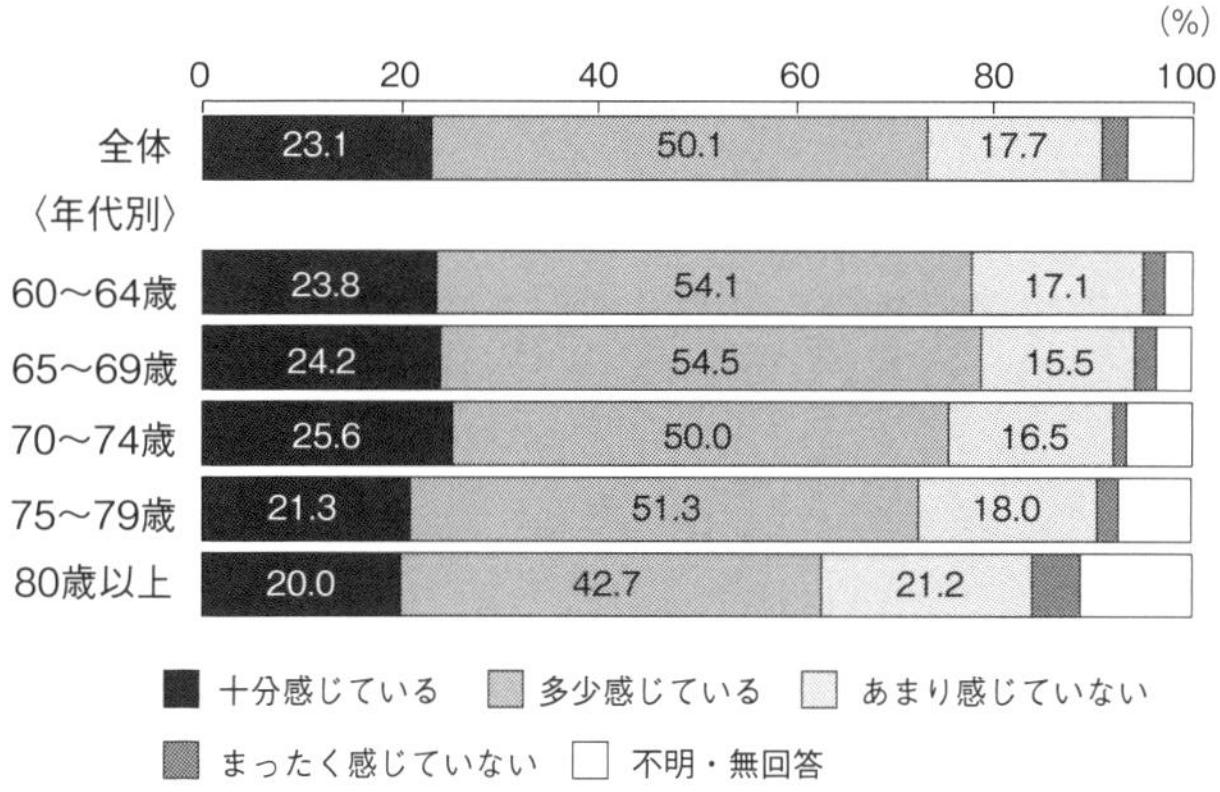

内閣府「令和3年度 高齢者の日常生活・地域社会への参加に関する調査結果」を基に作成。
調査対象は全国の60歳以上の男女4,000人。調査時期は2021年12月。

内閣府の調査によると、60～70代の人のうち7割以上の人が、なんらかの生きがいを感じていると答えています。

「孫など家族との団らんの時」「おいしい物を食べている時」に続いて、「趣味やスポーツに熱中している時」「友人や知人と食事、雑談している時」などさまざまな場面で生きがいを見つけているようです。

しかし、「生きがいってなんだろう」と改めて考えたことがない人も多いのではないでしょうか。健康やお金のことは老後を迎える前から準備をする人が多い一方で、「自分の楽しみや心の拠り所をどう作るか」は後回しになりがちです。

シニア世代が生きがいを感じる時（全体、年代別）〈複数回答〉

（単位：%）

	感じている															感じていない	不明・無回答
	仕事に打ち込んでいる時	勉強や教養などに身を入れている時	趣味やスポーツに熱中している時	夫婦団らんの時	孫など家族との団らんの時	友人や知人と食事、雑談している時	テレビを見たり、ラジオを聞いている時	社会奉仕や地域活動をしている時	旅行に行っている時	他人から感謝された時	収入があった時	おいしい物を食べている時	若い世代と交流している時	その他	不明・無回答		
全体	22.6	12.2	39.2	25.3	40.5	38.5	31.7	9.2	29.2	23.2	18.2	40.1	7.4	0.9	0.5	20.2	6.5
〈年代別〉																	
60～64歳	35.0	14.0	42.7	29.5	35.5	40.9	32.9	5.2	38.1	27.5	30.6	48.4	7.8	0.8	0.5	19.2	2.8
65～69歳	30.4	14.9	43.6	29.5	45.0	40.7	28.9	9.7	32.6	25.8	22.1	43.0	7.0	1.0	0.2	17.8	3.5
70～74歳	19.2	11.5	44.2	25.9	43.3	40.4	29.9	10.5	32.3	23.5	18.2	38.8	7.7	0.8	0.8	17.9	6.5
75～79歳	17.0	12.3	38.8	25.7	41.5	40.5	33.5	10.8	27.5	22.0	12.5	36.5	4.0	0.8	0.3	20.0	7.5
80歳以上	15.0	9.5	27.1	17.4	36.0	31.2	34.0	8.7	17.3	18.4	10.0	35.8	9.5	1.1	0.7	26.2	11.1

*1：「感じている」は P99 図の設問で「十分感じている」「多少感じている」と答えた人、「感じていない」は「あまり感じていない」「まったく感じていない」と答えた人の合計割合。

内閣府「令和3年度 高齢者の日常生活・地域社会への参加に関する調査結果」を基に作成。
調査対象は全国の60歳以上の男女4,000人。調査時期は2021年12月。

趣味を持つことは生きがいにつながる

生きがいとなると難しくても、趣味なら見つけやすいかもしれません。趣味は単なる暇つぶしではなく、私たちの毎日を彩ってくれるものです。音楽鑑賞、スポーツ、旅行、料理、映画、読書、手芸など多岐にわたりますが、趣味の活動に没頭することは、老後の活力の源となっています。

趣味を持つことでどんなメリットがあるのかあげてみたいと思います。

・ストレス発散

趣味に没頭することで、日常生活のストレスを軽減できます。私は趣味の一つであるカメラをもって出かけて撮影しているときがいちばん、時間が経つのを忘れます。祭りなどのイベントで踊っている人の表情をとらえる瞬間や、公園などで季節の花や草木を撮っている時間はあっという間で、気がつけば何時間も経っていることがあります。好きなことに没頭する時間はリフレッシュとなり、心の健康を保つ助けになります。

・健康維持

身体を動かす趣味であれば、運動不足の解消や筋力低下の予防につながります。運動が好きな人なら、ゴルフやテニスもいいし、運動が苦手な人はウォーキングもとても良いと思います。ただ、ゴルフやテニスなどは年齢があがるにつれ、継続することが難しくなりますので、囲碁、将棋、茶道、華道、また、ＤＩＹ、手芸など長くできる趣味も探しておくとよいでしょう。

・知識の拡充

趣味を通じて新しい知識やスキルを学ぶことができ、自己成長につながります。語学や歴史など興味を持った分野について調べたり、実践したりすることで、幅広い知識が得られます。地域で開催されている勉強会や講演会、また料理教室や読書会などに参加することで、より実践的に学ぶこともできます。

・社会的交流

これらの趣味を通じて新しい人との出会いが生まれます。サークルなどのコミュニティに所属して、共通の趣味を持つ人との交流の場ができれば、普段は出会えない人と人間関係を築くことができて、毎日にメリハリも生まれます。異なる世代の人と交流する機会もあれば、さらにいい刺激となるはずです。

・生活の充実感

趣味は日常生活に楽しみや目標をもたらします。趣味に打ち込むことで得られる充実感や達成感が、毎日の生活のモチベーション向上につながることがあります。私も「次の写真コンテストで入賞したい」といったことが、よりカメラに打ち込む励みになっています。

・気持ちの切り替え

趣味によって気持ちを切り替えることができるのも大きなメリットです。日常生活や人間関係での悩みがあったときも、そのことにこだわらず、趣味に意識を向けることで忘れることができ、より良いメンタルヘルスが保たれます。

たくさんのメリットをあげましたが、何気なく楽しんでいる趣味が、実は認知機能の維

休日や余暇の時間の過ごし方

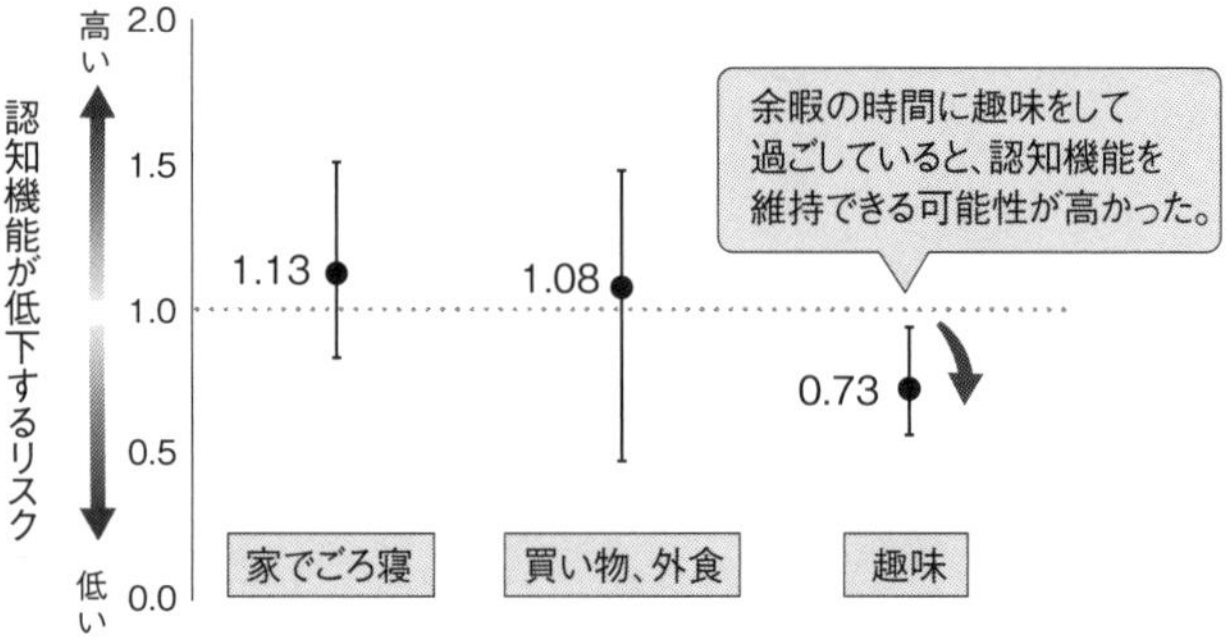

- 最初の調査で、認知機能が維持されていた60歳以上の方々を分析の対象としました。
- 年齢・性・教育歴・喫煙・既往歴・抑うつを調整した一般化推定方程式により推計しました。
- 休日や余暇の過ごし方として、「家でごろ寝」「買い物、外食」「趣味」を選択した場合の認知機能が低下するリスクを示しています（選択しなかった場合を1〈基準〉とした場合）。

出典：国立長寿医療研究センターホームページ「“趣味活”でイキイキした毎日を【認知症予防】」

持に役立つと知れば、もっと積極的に取り組んでみたくなるかもしれません。

国立研究開発法人国立長寿医療研究センターの調べによると、60歳以上の人に休日や余暇の過ごし方を「家でごろ寝」「買い物、外食」「趣味」の3項目より選定してもらったところ、「家でごろ寝」「買い物、外食」は認知機能の維持とは関連性がなかったのですが、「趣味」には認知機能低下のリスクを抑える効果があることも分かっています。

今から趣味や好奇心を育てる種まきをする

しかしいざ、「趣味を楽しみましょう」「生きがいを持ちましょう」といわれても、そう簡単に見つからないものです。「そこまで没頭できることがない」「時々はするけれど、続かないしなあ」という人がほとんどかもしれません。

難しく感じる必要はなく、まずは、興味があることから始めたらいいのです。例えば、歴史が好きな人がいたとします。歴史というと、ざっくりとして大きなくくりになりますので、もう少し、歴史の中の何が好きか考えてみます。戦国時代が好きなら、お気に入りの武将がいるかもしれません。その武将にまつわる小説を読んだり、ゆかりのある地を訪れたりするのも楽しそうです。私の地元の千葉には亥鼻《いのはな》公園があります。ここは源 頼朝とも親交が深かった千葉氏が居館を構えたと伝わる場所で、千葉には源 頼朝にゆかりの深い場所も多くあります。そんな視点で歩くのも楽しそうです。

自分の興味があることを起点にして考えてみると、いろいろな楽しみが広がります。結果的にそれが趣味といえるものになっていくのです。最初から「趣味は○○です」と言えるものがある人はそれでよく、そうでない人は、まずは自分が少しでも興味をもったものを、深めてみてください。

実は私も特に趣味の多い人間ではありませんでした。しかし、医師として多くの高齢の患者さんと関わる中で、趣味の重要性を認識してからは、積極的に自分の好きなものを探すようにしてきました。

かつてはゴルフやテニスを趣味にできないかと思い、休みの日には妻と二人でレッスンに行っていたこともあります。しかし、悲しいことに人並みに上達せず、テニスはやめてしまいました。ゴルフも時間をかけてコーチとマンツーマンでラウンドを回るなどの努力をしたのですが、こちらもいっこうに上達しませんでした。子どもの頃から運動は苦手で、小学生の頃は跳び箱がなかなか跳べずに苦労しました。体育の授業で唯一の思い出は、一段も跳べなかった跳び箱を休み時間に練習してなんとか最上段まで跳べるようになり、先生から褒められた程度のことです。そんな運動音痴の私ですから、このままゴルフを続けても人生の時間の無駄だろうと思い、ゴルフもやめてしまいました。

そんなとき、たまたまある医師仲間から、プロの写真家の先生を紹介してもらう機会があったのです。カメラを始めたのはそれがきっかけです。まったくの素人でしたが、カメラのシャッターボタンを押せば、私でも何となく様になりました。これなら自分でもできるかもしれないと思い、いろいろな場所にカメラを持って出かけるようになりました。もともと祭りが好きだったので、神輿《みこし》を担いでいる人や盆踊りを踊っている人の表情や手足の動きなどの瞬間をカメラでとらえるのが楽しくなってきました。それ以来、県内のコンテストなどに応募しては賞をもらったりするのを励みに継続しています。70代最後には、二科《にか》展という大きな大会で入賞でき、まだまだ挑戦し続けたいなと思っています。また、私が撮影した写真を老人ホームの中で飾ったり、ホームで定期的に発行している冊子にも掲載させてもらったりしています。入居者から、その写真を見て声をかけてもらい、話が弾むことも多く、うれしく思っています。

また、47歳でクリニックを開業した際、自宅も建て替えました。妻が茶道をしていたこともあり、茶室を設けたのですが、実はその部屋にいちばんお金がかかってしまいました。お客さんが来たときに泊まってもらうだけの部屋になってしまうのはもったいないと思い、「それなら私も茶道をやってみるか」と妻と同じ先生の元に通って習い始めたのです。すると茶道もとても奥が深く、面白く感じて、その後、20年も続けることになりました。趣味を見つけるのは、意外な出会いやきっかけだったりするものです。初めから自分の好きなことが分かっているわけではなく、やってみて初めて分かることのほうが多いのです。何ごとも決めつけずに、挑戦してみることです。最終的に時間を忘れるぐらい夢中になれるものが見つかれば、それがいつまでも元気で幸せでいられる、あなたの生きがいとなっているでしょう。

興味を持つことに年齢は関係ない

何かを始めるのに遅いということはありません。そのとき、したいと思ったらやってみたらいいと思います。

私のカメラ仲間の中にも、写真コンテストに出すだけでなく、これまで撮った写真を集めて、写真集を出版した人もいます。

また、90代のある女性の患者さんは毎回、娘さんとクリニックに来てくれるのですが、いつも穏やかな様子で笑みを絶やしません。どんな充実した日々を過ごされているのだろうと思い「普段、日中はどのように過ごされているのですか」と尋ねたことがあります。するとと驚いたことに彼女は、「スマホゲームに熱中しているんです」とおっしゃいました。

「楽しくて夢中になってしまうとあっという間に時間が過ぎてしまうので、今は1時間だけに制限しているんですよ」と笑っていました。90代でスマホゲームに夢中になれるなんて、家族関係なども落ち着いていて、家の中も穏やかだからこそできるのかとも思いますが、とてもすてきなことです。

興味を持って取り組めるものがあれば、年齢は関係ありませんし、どんなことでも構いません。今の時代はフェイスブックやXなどのSNSもあり、人とつながったり、発信したりすることも手軽にできるようです。私の友人のなかには読んだ本や見た映画の感想、日々のちょっとした気づきなどをSNSにあげている人もいます。私自身はSNSは得意ではありませんが、自分の考えを発信することは大切だと思っています。老人ホームをどんな思いで運営しているのか、経営者として考えていることを定期的に講演会などで話すようにしていますし、その内容をホームページや冊子などで伝えるようにしています。自分の考えをSNSなどのツールを使って発信できるのであれば、自分の考えに共感してくれる人が増えていくようなことも、また喜びにつながるかもしれません。

1日に1つ以上の予定をいれて生活にメリハリをつける

忙しい日々の中では「何もしないでのんびり過ごしたい」と思うものですが、いざ老後になり、毎日することがなくなると意欲を失いがちです。なんとなく過ごす日々が続くと、逆に「しんどいな」と感じるようになるかもしれません。

誰もが「これがしたい!」という明確な目標を持っているわけではありません。目標を立てるのは難しいと感じる人もいるでしょう。そんなときは、とにかく外に出て人と会うことです。ちょっとしたおしゃべりや、ふとした出会いの中から、新しい道が拓けることもあります。誰かが「こんなことをしてみませんか?」と誘ってくれるなど、自分でも思いもよらなかった趣味や活動に出会えるかもしれません。

だからこそ、無理にでも1日に1つ、小さな予定を手帳に書き込むことをおすすめします。「スーパーに行く」「妻と映画を見る」など、何でもかまいません。ほんの些細な予定でも、生活にリズムが生まれ、1日を大切に過ごすきっかけになります。人と会ったり、何かを一緒にする予定があると、その日の天候を気にかけたり、どんな話をしようかと思い巡らします。映画を見るなら、何を選ぶのか、映画のあとはどこかで食事をするのか、こうした些細な準備や考えが生活のメリハリになるのです。

私はかつて、仕事が趣味のようなもので、休むより仕事をしていたいと感じていた時期もありました。しかし、今はいくら仕事が楽しくても、趣味の時間や妻との時間、また1人で過ごす時間も仕事と同じぐらい大切だと感じています。どれもがほどよくあることが老後の生活を豊かにしてくれています。そのためにも私自身、1日に必ず1つ以上、予定を手帳に書き込むと決めています。「この日に○○する」という予定があると、自然とそのことを考えワクワクする気持ちがわいてきます。

身だしなみを整えると心の健康にもつながる

老後はこれまで以上に見た目にも気配りしていくとよいと思います。私が特に思い出すのは、おしゃれ好きだった妻の父親がよく言っていた言葉です。「年を取って服装に気をつかわなくなると、外見から老け込んでしまう。だからこそ、見た目をきちんとしないといけない」

この言葉には深い意味があると思います。不思議なものですが、外見が老け込んでいると、心までなんとなくしょんぼりしてしまうことがあります。逆に見た目を気にかけて若々しくしていると、心も自然と若々しくなってきます。

といっても無理をしたおしゃれをする必要はありません。例えば、アイロンのかかったシャツを着れば、気持ちも引き締まります。清潔に洗濯されたものであれば、気持ちもさっぱりします。

無精ひげをきれいに剃るだけでもすっきりします。ちょっとした工夫やおしゃれは活力につながります。

「誰も見ていないし、動きやすければなんでもいいだろう」という思いも分かります。服装でリラックスすることも大切なことです。しかし、まずは妻や夫と外出するときにちょっとおしゃれをしてみるところから始めると、よい気分転換になるかもしれません。

身なりを整えていると、自然と外出したい気持ちにもなるものです。逆に一度、「見た目なんてどうでもいい」と思ってしまうと、外出するのもおっくうになり、家にこもりがちになることもあります。そこから気力そのものが失われていくこともあるのです。実は、それまできちんと身だしなみを整えていた人が、服装に無頓着になってきたことが、認知症のサインであることも少なくありません。身だしなみを整えることは、外見だけでなく、心の健康に深くかかわっているのです。

学び続けることで人生が豊かになる

楽しむことだけでなく「学ぶこと」も生きがいの一つになりえます。私の知り合いにも、大学が一般向けに公開しているオープンカレッジという授業に参加したり、中には大学院生や聴講生として熱心に勉強を続けたりしている人がいます。

また、ある人は小説を書きたいと小説教室に通ったり、自炊ができるようになりたいと料理教室で学び始めたりした人もいます。いやいやさせられる勉強ではなく、自ら「知りたい」「学びたい」という好奇心に基づいた学びは毎日を豊かにして心に活力をもたらしてくれるのです。

特に「学ぶことが生きがいになる」ことを痛感したのは、ある患者さんとの出会いです。脳出血の後遺症により、体が思うように動かせず、寝たきりの状態になっている男性のご自宅に訪問診療で往診に行ったときのことです。患者さんの枕元にカセットが置いてあって英語が流れていました。奥さんに聞くと、本人がどうしても英語の勉強をしたいというので、毎日その音声を流しているというのです。

脳出血で倒れる前はよく海外旅行に行かれていたとのことでした。倒れてからも、英語への向上心は消えずに、勉強を続けていたのです。当時の私は不謹慎にも「もう旅行をするのは難しい。英語を勉強しても、残念ながら使う機会はないだろう」と思っていました。しかし今なら、勉強すること自体が彼にとって何より生きがいだったのだと分かります。もしかしたら本人も英語を勉強していったい何になるんだろうと葛藤があったかもしれません。周りの家族も、勉強しても活かすことができない状況に落ち込んだこともあったかもしれません。しかし、たとえ、英語を使う機会がなかったとしても関係ないのです。新しいことを学ぶ、知らなかったことを知る、その行為自体が、成長していることを感じる瞬間であり、生きている喜びを実感できる瞬間だったのではないかと思うのです。

私自身も、毎日クリニックで診療にあたっていますが、医療の進歩に対応するための勉強は欠かせません。医療は日進月歩で進化しており、常に最新の情報にアップデートしなければならず、学びの連続です。しかし学び続けることで81歳になった今でも成長を感じることができています。そして、この「学びたい」という意欲こそ、私のやる気を保ち、若さを保ってくれていると感じます。

なにごとも「もうだいたいのことは分かった」ような気になってしまう時期がありま す。しかし、世の中にはまだまだ知らないことはたくさんあります。学び続けることで、新たな道が拓け、人生がさらに豊かになるのです。

自治会やボランティア活動で人の役に立つ

退職後に最も避けたいのは、社会とのつながりを完全に失ってしまうことです。家の中で夫婦二人だけの生活に閉じこもってしまうのは、いちばんよくありません。たとえ趣味がすぐに見つからなくても、社会と関わる「種まき」をするために、まずは自治会やボランティア活動に参加してみるのも一つの方法です。

「令和元年度高齢者の経済生活に関する意識調査」によると、60歳以上の36・7％がなんらかのボランティア活動に参加しているそうです。約３人に１人が地域で貢献していると聞くと、思った以上に身近な活動だと感じませんか。自治会の役員や地域の美化活動、伝統文化の保存など多岐にわたる活動が挙げられています。

仕事一筋で働いていた人は、地域との接点が少なかったかもしれません。でも、ボランティア活動はそんな人にも新しい視点や生きがいを見つけるチャンスを与えてくれます。例えば、小学生の通学を見守る活動や、子育て家庭を支援するファミリーサポート、不登校児の学習支援など、身近で社会貢献ができる機会は意外に多いのです。週に一度、あるいは月に一度といった頻度で活動できるため、自分のペースに合わせた参加も可能です。

また、これまでの仕事で培った経験やスキルを活かしたボランティアもあります。英語力や海外経験を活かして、通訳・翻訳ボランティアや、留学生支援、ホストファミリーとして国際交流に貢献することもできます。地域の支援センターなどで募集していることが多いので確認してみるのもよいです。

私の患者さんのなかにも、マンションの自治会で役員として精力的に活動している人がいます。役員の仕事は多忙ですが、住民との交流が増え、新しい友人や知人とのつながりができ、常に生き生きとした毎日を送っています。地域のイベントや防災訓練を企画するなど、住民に楽しみや学びを提供することにより、感謝される機会も多く、その喜びが活動を続けるモチベーションとなっているようです。会社以外のコミュニティに属することで得られる充実感は大きなものがあります。

病気になった患者さん同士でも「神経難病患者友の会」などのコミュニティに入ること

で、つながりを持ち、励まし合い、生きがいを感じられることがあります。私の知り合いのお父さんはパーキンソン病になって、「パーキンソン病友の会」を自らで作ったと聞きました。住んでいる地域に「友の会」がなかったことから、小さいながら自分で作ったというのです。コミュニティがなければ自分で作るという行動力も素晴らしいですし、結果的にその場所が彼自身にとってのよりどころとなったのです。

仕事ができるうちは、できるだけ続ける

もしあなたが好きな仕事をしていて、それを生きがいに感じているのであれば、老後も可能な限り仕事を続けることがいちばんだと私は考えています。実際、多くの高齢者をみてきましたが、仕事を継続している人は年齢にかかわらず元気な人が多いのです。

例えば、もうお亡くなりになりましたが、医師の日野原重明先生や、作家の瀬戸内寂聴さんは、晩年まで仕事を続け、多くの人々に生きる活力を与えていたのは、皆さんもご存じのことかと思います。

また、私の身近にも、そのように元気に仕事を続けている人はいます。一人は私と同じ

81歳で、医師会の役員を務めている医師です。彼とは20年来の付き合いですが、大病院の院長を務めながら、医師会の役員もこなしています。役員の仕事は行政との連携や各委員会との議論・交渉など激務です。本業と両立させるのは並大抵のことではありません。しかし、病院長として経営をしきり、現場の医師としても診療の現場に出て患者さんをサポートすることを生きがいとし、一方で、医師会の役員として地域医療に貢献することにもまさに情熱を燃やしている彼の姿を見るたびに、「私もまだまだ頑張らなければ」と励まされます。

また、私の患者さんのなかにも80代で仕事を続けている人がいます。彼は古書の鑑定士として、今も全国各地を飛び回っています。鑑定士の中でも古書に関する専門家が少ないということで、彼には全国から声がかかり、引っ張りだこなのだそうです。もともと古書が好きで、その興味を仕事にできたことが、彼にとっての大きな幸せであり、長く続けられる理由なのだと思います。

このように医師や鑑定士といった士業には基本的に定年がありません。医師の場合は、「定年は患者さんが決める」などといわれており、患者さんから「もうこの医師には任せられない」と感じられたときが引退のタイミングになります。私自身、もう少し続けるつもりですが、自分で引退の時期を見極められるという自由度があるおかげで、老後を生きがいを持ち続けながら生活できていると感じています。

しかし、日本では定年制が一般的です。多くの会社員は、定年がくると強制的に仕事をやめなければなりません。まだまだ元気で働きたいと思っていても、定年というルールに従う必要があるのが現実です。これによって、定年後の生活に自分を無理に適応させねばならないという難しい面が生じています。

実際、内閣府の調査によると、60歳以上で働いている人の約2割が、「働けるうちはいつまでも働きたい」と考えています。また、70歳くらいまで働きたいと答えた人を含めると、その割合は全体の約6割にものぼります。多くの高齢者が、年齢を重ねてもなお、仕事をしたいという強い意欲を持っていることが分かります（内閣府「令和元年度　高齢者の経済生活に関する調査」）。

一方で、少子高齢化や労働力人口の減少に対応するため、高齢者が働き続けられる環境も整備されつつあります。例えば、厚生労働省のデータによれば、定年を60歳としている

60歳以上で働きたいと考えている人の割合

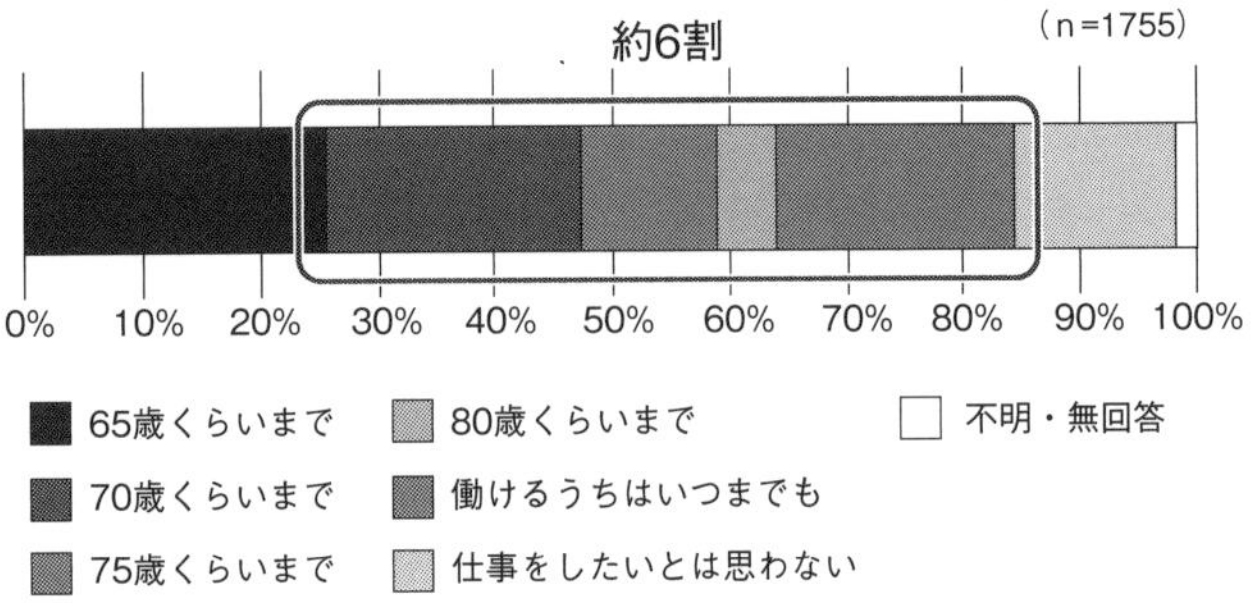

出典：内閣府「令和元年度　高齢者の経済生活に関する調査」

企業は依然として72・3パーセントと多いですが、65歳に引き上げた企業が増加傾向にあります。また、定年後も再雇用や勤務延長制度を利用できる企業が94・2パーセントに達しています。これらの制度を利用できる場合は、ぜひ働き続けることも考えてほしいと思います。

私の父は高校の教師でしたが、定年退職したあとも、立場をかえて教育現場で手伝いを続けていました。長年注いできた情熱はすぐに消えることはなく、心の中で生き続けるのだと感じました。たとえ、これまでとまったく同じような形で働き続けることができなくても自分が好きな仕事にどうしたら携わり続けられるかを考えることはとても有意義です。

しかし、必ずしも好きなことを仕事にしてきた人ばかりでもないと思います。会社員の人の中には、自分の意志や希望、得意分野とは関係なく、配属先で与えられた仕事をこなしてきたという人も少なくないと思います。そのような場合は、定年後はこれまでの仕事にしばられることなく、本当に自分のしたいことを見つけて、それに時間を費やすことが大切です。

「仕事」という言葉に対して、「しんどい」「つらい」といったネガティブなイメージを持つ人もいるかもしれません。しかし本来、仕事とは好きなことや得意なことをして収入を得て生活を豊かにするものです。そして、仕事を通して、身体も動かすし、いろいろな人と交流する機会も得られます。仕事をしていれば、それだけで健康的な環境が維持できてしまうのです。

定年後の働き方は、体力やスキルに応じて柔軟に考えることが大切です。少し節約を心掛けることで生活が成り立つのであれば、これまでと同じ収入を得ることに固執する必要はありません。自分の好きなことをしながら長く働けるものを見つけることを優先することのほうが、これからの老後を充実させるカギになります。

長期化する老後に欠かせない「生きがい」

老後を充実させ、健康を維持するためには、「生きがい」は欠かせない要素です。老後における「夢」や「目標」と言い換えることもできます。しかし、年齢を重ねるにつれて、夢や目標を持つことが難しいと感じる人も少なくありません。けれども、実際には忘れてしまっているだけで、昔抱いていた夢ややりたかったことが心の奥底に残っていることも多いのです。手始めに若い頃に夢見ていたこと、小さな頃にやりたかったことを思い出してみてください。

私は、長年の夢だった老人ホームの運営を64歳のときに実現しました。この夢は私が在宅医療にかかわるなかで、患者さんとその家族が最期まで穏やかに過ごせる場所を提供したいという強い思いから生まれたものです。夢に終わりはなく、17年続けている今も、常に入居者と家族の方々に幸せを感じてもらうにはどうすればよいかを考え、試行錯誤しながらそれを実現することが私の「生きがい」となっています。私の老人ホームの理念に共感して、この場所を「終の棲家」にしようと入居してくれた方々が、幸せに最期まで過ごせるように、何があってもこのホームの経営を維持していくことを使命だと感じています。

もちろん、夢や目標を達成するには苦労も伴います。実際、老人ホームを設立した直後にリーマンショックがあり、その際は一時期、入居者を集めるのが難しい時期がありました。空室が増えると経営に影響します。何とか入居者を増やして安定させなければと、介護サービスについて介護のプロに協力してもらって、職員の教育やサービスの質向上に努めました。私の経営理念を発信する機会を増やすなどの努力も重ねました。幸いなことに少しずつ、入居者の方からの紹介や口コミのおかげもあり、今は入居される人数が安定しています。

このように経営についてはいつも悩んでいますし、ストレスがないわけではありません。しかし、「どうすればもっと良くなるだろうか」と考え続けていることが私の生活に刺激を与えてくれますし、入居している方や家族の方々の幸せそうな顔を見ると疲れもふっとびます。この夢を実現するために、私は今元気でいさせてもらうことができているのかもしれません。

老人ホームの運営は私にとっては大きな夢でしたが、資金調達の壁、経営の難しさといった多くの課題があり、自分には無理だろうと思っていました。そんなときに、たまたまある会合の席で銀行の支店長と一緒になり、事業計画がしっかり作れていたら資金は借りられそうなことが分かりました。また、時を同じくして、外食産業で大成功している経営者の方から「失敗には次の2つがある。一つは、やって後悔したと思う失敗。もう一つは、やらないで、あのときやっていればよかったと後悔する失敗。最大の失敗は、後者の失敗だ」というアドバイスをもらいました。私はさっそく銀行と交渉して資金のめどを立て、老人ホームの設立に動き出したのです。

もしもあのとき、決断せずにいたら、今のようにやりがいを持って生きていなかったかもしれません。ずっと「あのときやっていれば」という後悔の念を抱えて生きていたことと思います。

どんな人にとっても心の中に夢は大なり小なりあるものです。自分の本当にしたいことを思い出してやってみてください。「やってみて後悔したと思うか」、「あのときやっていればよかったと後悔するか」です。

私は、人間の幸せとは自分の好きなことをして過ごせることだと思っています。私の場合は、仕事が自分の好きなことだったので、本当に幸せだったと感じています。医師として、多くの人々が健康で幸せに生きられる手助けをすること、そして老人ホーム運営を通じて老後を幸せに過ごしてもらうことが、私にとって何よりの喜びで幸せなのです。

あなたも、今からでも遅くありません。老後だからといって夢や目標を諦める必要はありません。今からでも、自分が本当にやりたかったことに挑戦し、やりがいを持って生きることは十分に可能です。人生は常に変化していきますし、退職後や老後は新しいステージのスタートに過ぎません。これからは、これまでの経験や知識を活かしながら、より自分らしい時間を過ごすチャンスです。趣味を追求したり、学び直しを始めたり、地域社会やボランティアで新しい人々とのつながりを見つけたり、大切なのは年齢にとらわれず、新しいことに一歩を踏み出す勇気を持つことです。これからの時間を、健康で充実した日々にするためにも、自分の「生きがい」を探し、追求してみてください。夢に向かって一歩を踏み出すことは、心身の健康を保ち、豊かな生活を続けるための大切なカギです。65歳から始める新しいチャレンジは、これまで以上に人生を豊かにしてくれるでしょう。

自分らしく生きるための定年後の設計

人生の黄金期とは、実は65歳を過ぎたあたりから訪れるのかもしれません。退職後の10

年、20年、30年をどのように過ごすかは、その後の達成感や満足感に大きな影響を与えます。自分の好きなことに没頭できる時間が増える人は、生き生きと輝きます。一方で、何もせずぼんやりと日々を過ごしてしまうと、その差はどんどん広がってしまいます。

だからこそ、退職前に「退職後の暮らし方」をしっかりと計画しておくことが大切です。例えば、自営業や士業のように定年がない方は、仕事を続けるか、それとも引退して新たな道を進むのか、または仕事の量を減らしつつ趣味やほかのやりたいことを始めるのかを考えておくべきです。会社員も同じです。定年後の再雇用や再就職、またはまったく新しい分野で働くのか、いったん休養をとるのか、考える時間は早ければ早いほど良いです。

「何もすることがない」という状態は、心身にとって大きなリスクを伴います。その状態が長く続くと、再びアクティブに動き出すためのエネルギーがどんどん失われていきます。寝たきりになるリスクが高まるということも、現実として心に留めておいてほしいのです。

もちろん、仕事を続けることは良いことですが、その仕事が本当に自分にとって好きなものであり、やりがいを感じられるものでなければ、逆に苦痛を伴います。だからこそ、生きがいとなるような活動や趣味を見つけることが大切です。最初からそれを見つけるのは簡単なことではないと思います。しかし、まずはいろいろな活動に参加し、少しずつ自分の「好き」を探していけばよいのです。焦らず、興味を広げながら、楽しさを見つけていってください。

第5章

自分らしく、安心できる住まいで——

老後を幸せに過ごすために知っておきたい「終の棲家」のこと

終の棲家を決めることは自分らしく生きるための大切な準備

年を重ねていくと、「人生の最期をどこで迎えられるのか」が気になってきます。調べてみると日本財団の調査では、67~81歳の方の約6割が「できれば自宅で最期を迎えたい」と思っているとなっています。理由は「住み慣れた場所で、自分らしくいられるから」――その気持ち、私もよく分かります。私がこれまで診てきた患者さんのなかにも、病気が進行していくなかで「もう病院での治療はいいから、自宅で過ごしたい」とおっしゃる方が多くいました。パーキンソン病や筋ジストロフィーの患者さんもそうでした。「家族に囲まれながら、穏やかに過ごしたい」と切実に訴える方もいました。

ところが、日本の現実を見ると、最期を病院で迎える人が7割以上です。厚生労働省のデータによると、2019年に自宅で最期を迎えた人は全体の13・6パーセントのみで、これは戦後の復興期に、病院での治療が進んだ影響だと思います（厚生労働省「人口動態統計〈令和3年〉」）。

死亡の場所の推移

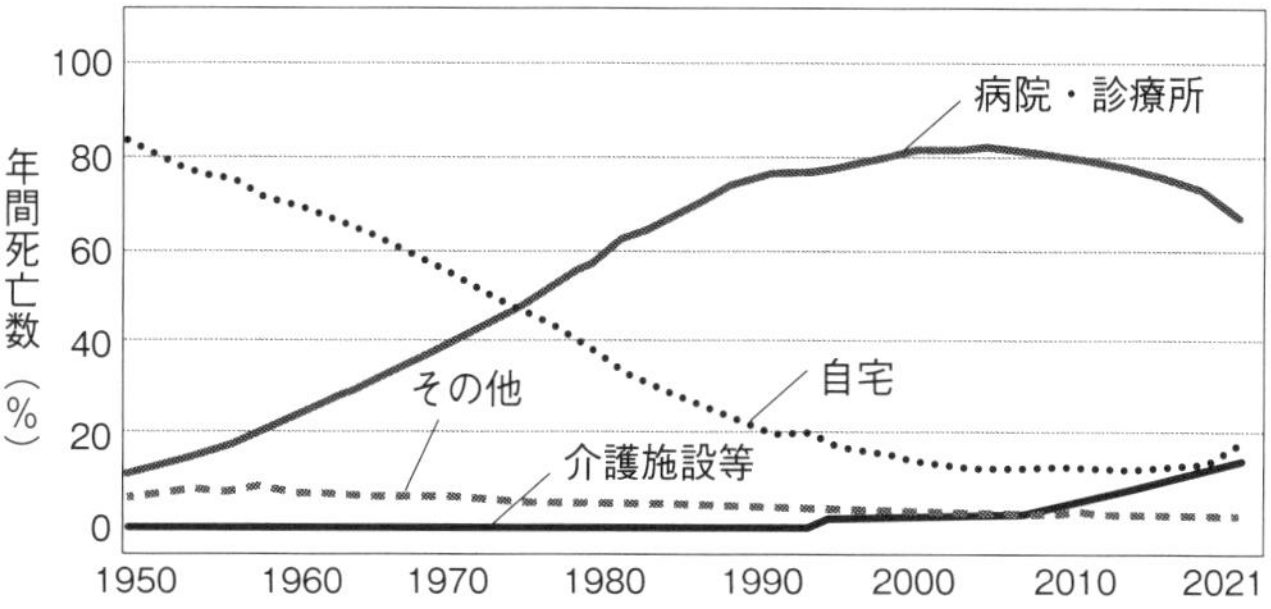

出典：厚生労働省「人口動態統計（令和3年）」

病院は治療をする場です。病院で最期を迎えるときは、人工呼吸器や点滴などさまざまな管につながれたままで患者さん本人が自分らしい姿でいることは難しくなります。モニター音が鳴り響く中での最期はあわただしく、家族が穏やかに別れを告げるのも簡単ではありません。私も医師として、こうした場面を何度も経験してきました。そのたびに、「これが患者さんやご家族が本当に望む最期の形だったのだろうか」と自問してきました。

もちろん病院でなければできないケアが必要な方もいますが、それでも「もっと患者さんらしい最期」をかなえる方法があったのではないかと思うこともあります。幸い、最近では在宅医療やホスピスといった選択肢が少しずつ増えています。国も在宅医療の推進に力を入れており、自宅で過ごしながら

死期が迫っているとわかったときに人生の最期を迎えたい場所

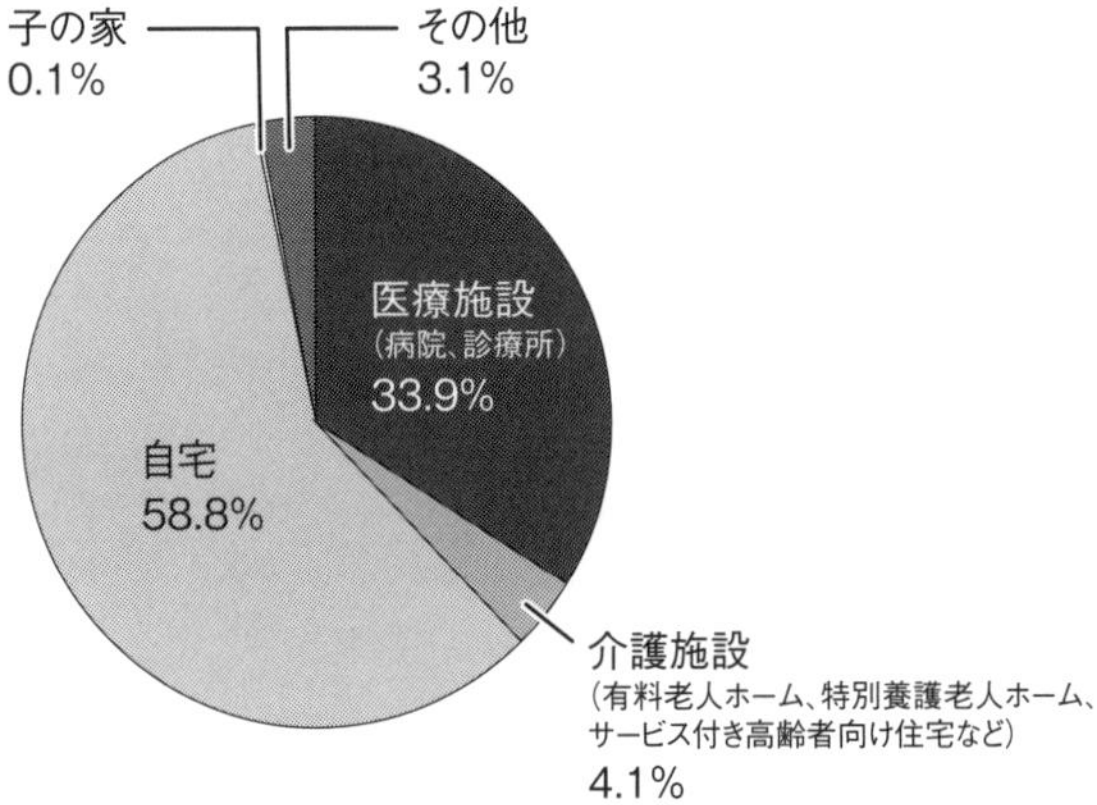

出典：日本財団ホームページ「人生の最期の迎え方に関する全国調査結果」

穏やかに最期を迎えられる環境を整えようとしています。自宅であれば、家族に囲まれながら、住み慣れた場所でリラックスして過ごすことが可能です。

「終の棲家」を考えることは、ただ「どこで亡くなるか」を決めるだけの話ではありません。それは、どんなふうに最期まで自分らしく生きたいかを考えることでもあります。そのための準備を、今から少しずつ始めてみませんか？

高齢者施設か自宅かという選択

「終の棲家」と聞くと少し大げさに感じるかもしれませんが、これからの人生を安心して暮らして最期の時を自分らしく迎えるための場所のことです。

年齢を重ねると、健康状態や生活のサポートが必要になることもあります。その中でどこで過ごし、どこで最期を迎えるかを考えるのは、避けて通れない大切なテーマです。

「元気なときはできるだけ自立して、自由に過ごしたいとは思っているけど……」「介護が必要になったら、そのときに施設に入ればいいのでは。今から考えても仕方ないだろう……」「介護が必要になってもできるだけ自宅で過ごしていきたい。でも、家族に負担はかけたくないし……」など、先のことですので分からないことがたくさんあります。実際、多くの人が考えるのを先延ばしにしてしまうのを見てきました。しかしだからこそ、後悔してきた人もたくさん見ています。

準備をしないままだと、自分がまったく望まない形で最期を迎えてしまうこともあるのです。まず、「終の棲家」として考えられる場所として、自宅と高齢者施設について考えてみます。

・自宅での暮らし（在宅医療）

自宅は、住み慣れた安心感があります。「できるだけ自立して自由に過ごしたい」と思う方にとっては、最も自然な選択肢です。ただし、家族の負担が大きくなる可能性もあり、自宅での生活を続けるには、介護や医療のサポートをどう受けるか、どれだけ環境を整えられるかが重要になります。手すりの設置や段差の解消など、バリアフリー化も必要かもしれません。

・高齢者施設での暮らし

一方、介護が必要になったときや、日常生活でのサポートをより手厚く受けたい場合には、高齢者施設も選択肢になります。施設と一言で言っても、有料老人ホーム、特別養護老人ホーム、サービス付き高齢者向け住宅など、さまざまな種類があります。それぞれに特徴があり、費用やサービス内容が異なるため、自分の生活スタイルや価値観に合う施設を見つけることが大切です。

自宅で穏やかに最期を迎える満足感

自宅であっても高齢者施設であっても、どんな「看取り」をしてもらえるかイメージしておくことがよいです。私は「看取り」という言葉には、最期のときを見守りながら寄り添うという優しさが含まれていると思います。

ある80代の男性の患者さんが、ご家族と一緒に自宅で最期を迎えたケースを紹介します。

その人は、数年前に脳血管障害を発症し、入院とリハビリを経てご家族がいる自宅に戻られました。歩行が困難でしたが、家族の介護のもと、歩行器や車いすなどを利用して自宅での生活を続けることができています。デイサービスやヘルパーなどの介護サービスを利用しながらしばらく穏やかに生活を送られていましたが、次第にベッドで横になる時間が増え、食事量も減ってきました。私は訪問診療医として定期的に自宅を訪れ、患者さんの状態を確認し、嚥下《えんげ》機能の低下も見られたときにご家族と話し合い、患者さんの意向を尊重して、点滴など最小限の医療対応をしながら見守る方針を決定しました。

印象的だったのは、ご家族の温かい接し方でした。患者さんが寂しく感じないよう、好きな音楽をかけたり、家族が近くで過ごすようにしたりして、患者さんが安心できる環境を整えていました。尿の量も減ってきたことから、いよいよ最期の時が近づいていることを私から家族にお伝えするとお孫さんや親戚も集まり、手をさすりながら呼びかけるなど、愛情を持って寄り添われていました。

そして、ある日の日中、穏やかに息を引き取られたという連絡を受けました。私が訪問診療医として看取りをするといっても、自宅の場合はその瞬間に立ち会うというよりは、亡くなられてから呼ばれて確認しに行くことのほうが多くなります。その日も連絡を受けてから自宅に伺うと、ご家族の方は悲しみの中にもどこかすっきりされたような様子をされていました。これまでの介護は大変だったと思いますが、望みどおり自宅で見送ってあげられた達成感や満足感も大きいようです。患者さんご自身も自宅で家族とともに過ごしているときはとても穏やかな表情をされています。亡くなったときの様子をきいても、眠るように逝った、すーっと穏やかに息を引き取ったとおっしゃる人が多く「自宅で看取ることができてよかったです」と一様に言われます。

自宅を「終の棲家」にするための条件

しかし、自宅を「終の棲家」とする際のいちばんの不安は、何かあったときや看取りのときにどうしたらいいのか分からないということだと思います。これまで経験していない人がほとんどですから無理もありません。

病院に入院していれば、医師や看護師がいて薬剤師が常にいます。医療機器も薬もそろっていて、すぐに対応してもらえる安心感があります。しかし、自宅でも病院と同じような環境を実現することは可能なのです。地域には、訪問診療をする医師や看護師がいて、訪問リハビリなどさまざまな医療介護サービスもあります。ケアマネジャーを中心に、在宅医療にかかわる人たちが連携しあって、自宅にいても病院にいるような医療的ケアを行えるような体制は整えられつつあります。

最近では訪問診療を専門とするクリニックも増えてきて、24時間の対応も可能です。がんの終末期にはひどい痛みが発生することもありますが、麻薬（モルヒネなど）や鎮痛剤を使用して痛みを抑える緩和ケアも可能で、自宅で最期を迎える人にとって心強い存在となっています。

しかし、自宅を「終の棲家」にするには、次の条件がそろっていることが必要になります。

1つは、このような医療の連携ができるシステムが地域にあることです。

私は、これまで医師会の活動として、地元の千葉で医師、看護師、介護士など多職種の方々が参加する会議に参加してきました。互いの連携がきっちり機能していると、在宅医療がうまくいくと強く実感しています。ただ、このような在宅医療を支える地域医療の体制にはまだまだ地域差があります。自宅のある地域によっては、十分にサービスが利用できないところもあるかもしれません。行政に確認をして、住んでいる地域の医療にどんなサービスがあるのかを確認しておくことが大切です。

千葉市では在宅医療・介護連携支援センターが地域の医療・介護をつなぐ支援をしています。「あんしんケアセンター」と呼んでいますが、各地に「地域包括支援センター」という名称の窓口があります。保健師や社会福祉士、主任ケアマネジャーがいて、介護予防サービスなどのプラン作成をはじめ、介護や福祉などに関するさまざまな相談にのっても

千葉市「あんしんケアセンター」

在宅医療・介護連携支援センターは地域の医療・介護をつなぐ支援をします！

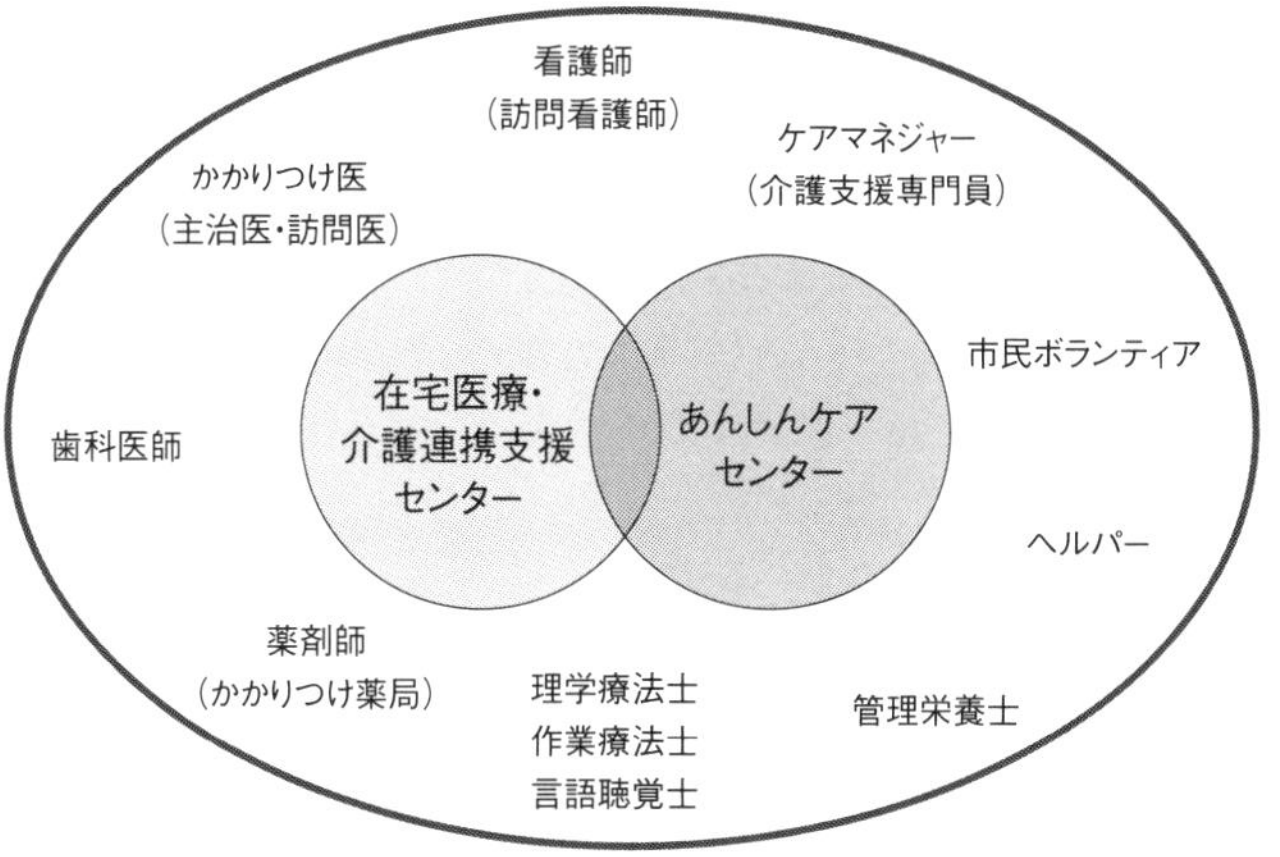

出典：千葉市ホームページ「保健福祉局健康福祉部在宅医療・介護連携支援センター」

らうことができます。

２つ目は、介護が必要になったとき「キーパーソン」となる人がいるかどうかです。キーパーソンとは、主に介護の中心となり、食事や着替え、トイレの介助など、身の回りの世話をしてくれる人のことを指します。また、場合によっては、装着した医療機器の管理や薬の準備といった医療的なサポートも必要になることがあります。介護のキーパーソンとなってくれる人は、配偶者や子どもであることが多くなりますが、配偶者の場合は「老老介護」となり介護者の負担が大きくなります。子どもの場合は、働き盛りのことが多く、仕事と掛け持ちする形で介護の負担を担うことになります。また、昨今では子どもが近隣に住んでいることは少なく、遠方から通いながらの介護をしているケースも増えています。

そのため、キーパーソンとなる介護者を軸にしながらも、デイサービスやヘルパーなどといった在宅介護サービスを活用していくことも重要になります。

今から住環境を工夫して安心して暮らす

また、自宅で最期まで過ごしたい、もしくはできるだけ長く暮らしたいと思っている人は、自宅のバリアフリー化を早くから検討してみましょう。

階段や廊下、トイレに手すりをつける、段差を解消する、スロープを設置する、バスタブや床に滑りにくい素材を使用するなどさまざまなことが考えられます。高齢になってから何としても避けたいのは転倒による骨折です。しかも、転倒は外よりも自宅の中で起こっていることが多いのです。「滑り止め」「手すり」「段差を減らす」だけでも、転倒防

自宅のバリアフリー化

介護保険を利用して住宅改修ができます

住宅改修の支給限度額は、要介護度や要支援度に関わらず原則として一生涯に20万円までの改修費用を対象とし、その内9割もしくは8割が介護保険で支給されます。

残りの1割もしくは2割と20万円を超えた部分の全額が自己負担となります。

- 対象となる住宅は被保険者証に住所として記載してある所です。
- 1回目の住宅改修から、要介護状態区分を基準として定める「介護の必要の程度」が3段階以上上がった場合、または転居して住所が変わった場合は、新たに20万円までの費用を対象として保険給付を受けることができます。
- 一度の改修で全額を使い切らず、数度に分けて使用することも可能です。

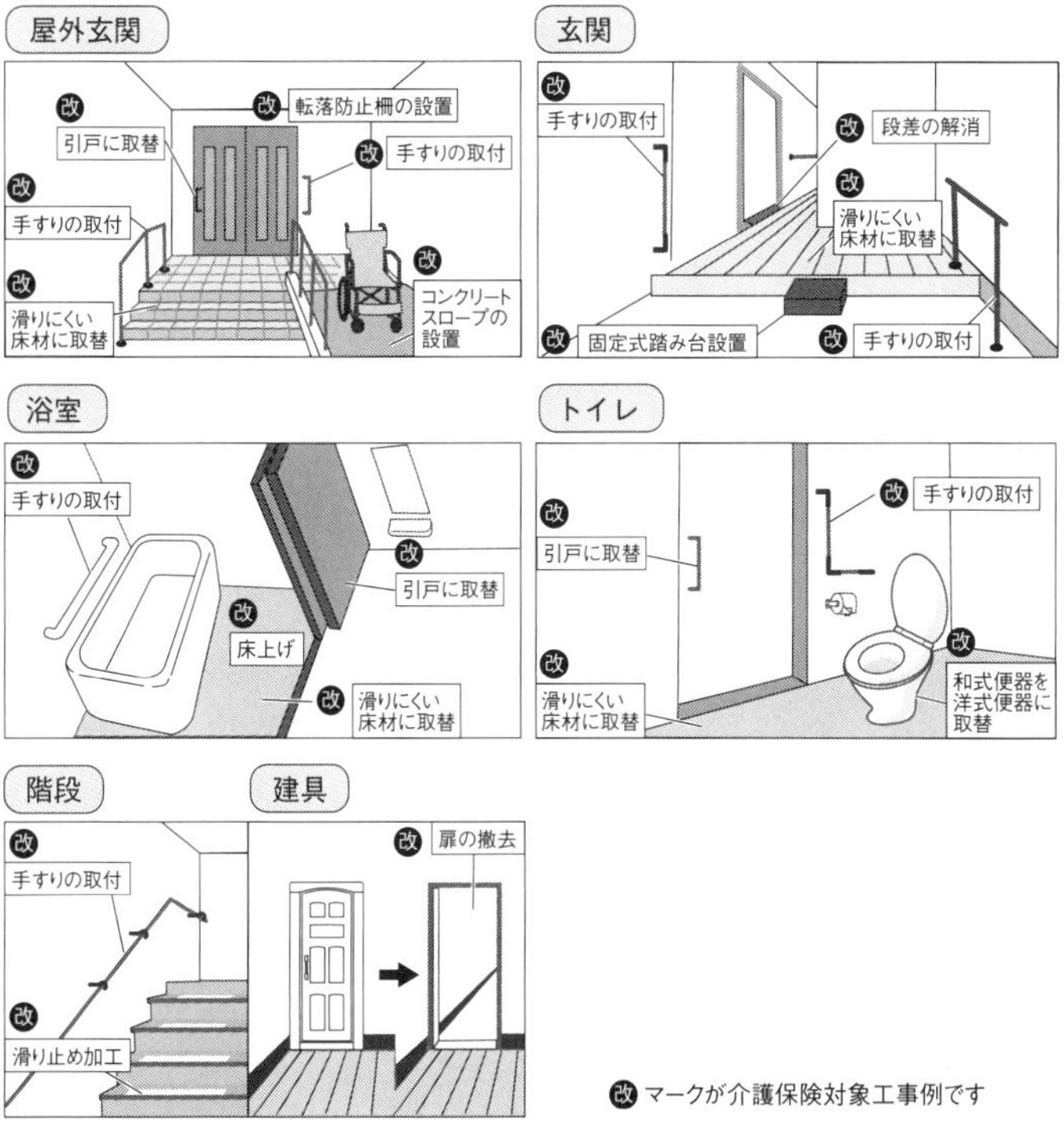

出典：ミヤホーム「介護リフォーム・福祉住宅のご案内」

止に効果がありますので、できることからはじめておくとよいです。

費用については、介護保険の住宅改修の助成金を利用すれば、上限20万円までは住宅改修費の一部を公費でまかなうこともできます（ただし、要支援や要介護と認定されている必要があります）。このような情報も知っていれば、計画的に準備を進めることができるでしょう。

ところで、要支援や要介護というのは、日常生活の中でどの程度の介護を必要とするかを示すもので、介護度は自立を含め要支援1～2、要介護1～5の合計8段階に分類されています（左ページの図参照）。

この介護度は、必要な書類を提出して専門家からなる審査会で決定されます。具体的には、必要書類を市区町村の役所に提出すると、主治医のもとに主治医意見書が送られてきます。その後、主治医意見書を作成した医師が役所に返送するのに合わせて、認定調査を受けることになっています。自宅などに調査員が訪問して本人や家族に状況を聞き取りま

介護度の目安

区分	要介護度	心身の状態
地域サービス	非該当	自立した生活ができる。介護や支援を必要としない
介護予防サービス	要支援１	排泄や食事はほとんど自分でできるが、身の回りの世話の一部に介助が必要
	要支援２	食事、トイレなどはできるが入浴などに一部介護が必要な状態
介護サービス	要介護１	立ち上がりや歩行が不安定。排泄や入浴などに部分的な介助が必要な状態
	要介護２	立ち上がりや歩行などが自力では困難。排泄や入浴などに一部または全面的な介助が必要な状態
	要介護３	立ち上がりや歩行などが自力ではできない。排泄や入浴・衣服の着脱など全面的な介助が必要な状態
	要介護４	日常生活のうえでの能力の低下がみられ、排泄や入浴・衣服の着脱など全面的に介助が必要な状態
	要介護５	日常生活全般について全面的な介助が必要な状態。意志の伝達も困難となる状態も含む

要介護度	１カ月あたりの支給限度額（目安）
要支援１	50,320 円
要支援２	105,310 円
要介護１	167,650 円
要介護２	197,050 円
要介護３	270,480 円
要介護４	309,380 円
要介護５	362,170 円

出典：ロイヤル介護　介護保険制度とは？（介護度・基準・目安）について

す。主治医意見書と認定調査結果をもとに、審査会でどの程度の介護が必要かの判定がなされます。介護度によって、受けられるサービスの範囲も支援の額も違ってきます。例えば、要介護1に認定された人は、1カ月に約16万円の上限内でサービスを利用できます。訪問介護やデイサービスを組み合わせて、約10万円の利用があった場合、負担額は1割（所得が多い人は3割負担）なので、1万円になります。

また、介護認定を受ければその介護度に応じて、次のようなさまざまな在宅介護サービスを受けることができます。

〈在宅介護サービス〉

●宿泊型介護サービス

・短期入所生活介護（ショートステイ）

・短期入所療養介護（医療型ショートステイ）

●通所型の介護サービス

・通所介護（デイサービス）

・地域密着型通所介護
・認知症対応型通所介護（認知症対応型デイサービス）
・通所リハビリテーション（デイケア）

●訪問型の介護サービス

・訪問介護（ホームヘルプサービス）
・訪問看護
・訪問入浴介護
・訪問リハビリテーション
・夜間対応型訪問介護

例えば、通所介護（デイサービス）では、朝に送迎車が迎えに来て、お昼か夕方頃まで施設で過ごすことができます。

施設についたら、血圧や体温などをチェックしてもらい、入浴やレクリエーションなどに参加して、食事を楽しみ、自宅に戻ります。このサービスは、介護をする家族の負担を軽減するためだけでなく、日中一人きりになりがちな本人にとっても大切な交流の場となります。ほかの利用者やスタッフとのふれあいが刺激となって、生活にリズムや楽しみを与えてくれます。さらに短期入所生活介護（ショートステイ）といって施設に1泊や2泊の短期間（連続での利用は30泊まで）宿泊するサービスと併用する人もいます。

また、訪問介護（ホームヘルプサービス）も利用できます。ヘルパーと呼ばれる訪問介護員が介護や支援が必要な人の自宅に訪問し、サポートをしてくれます。主に、直接身体に触れて行う介助や自立支援のための見守り的援助などを行う「身体介護サービス」（食事、入浴、排泄《はいせつ》、着替えなど）と、日常生活を送るうえで必要な家事サポートを行う「生活援助サービス」（調理、掃除、洗濯、買い物など）があります。

自宅を終の棲家とすることで負担をかけることもある

自宅を「終の棲家」にするにはこれらの在宅介護サービスを利用しながら環境を整えることが欠かせません。ただ、ヘルパーが訪問する時間は決まっていますし、訪問時に必ずしも介護の手が必要なタイミングであるとも限りません。

特に重度の後遺症や認知症を抱えている場合、どうしても家族の負担が大きくなるという現実があります。認知症の介護では、相手を穏やかにさせるための会話術を活用したり、口にしてはいけないものを置かないようにしたり、徘徊しないように絶えず見守ったりする必要も出てきます。

介護疲れで自殺したり、被介護者に危害を加えたりという事件をニュースで聞くことがありますが、厚生労働省の調査によると、毎年数百件に上るそうです。また自殺だけでなく、介護の問題をきっかけにうつになったり、離婚したり、失業したり、介護する家族側への影響は枚挙にいとまがありません。私は訪問診療でそういったたくさんのご家族を見てきました。1人の家族に負担が集中してしまい、その人が本来のご自身の人生を思う存分に生きることができず疲弊してしまったり、家族間で誰が介護をするのかともめて非常にぎくしゃくした雰囲気になって、それ以降の家族関係が不仲になってしまったりする例もたくさん見てきました。また、子どもの家族と同居となると、それほど介護の負担がないケースでも互いに気疲れをしてしまい、うまくいかないケースもありました。

一口に高齢者施設といってもさまざまある

在宅医療をかなえる条件がそろわない場合、また家族の負担を軽減したい場合は、高齢者施設が「終の棲家」の候補として考えられます。ただし、高齢者施設と一口に言っても、その種類や条件、提供されるサービスには大きな違いがあるため、自分や家族の状況に合った選択をすることが大切です。

高齢者施設は大きく、公共施設と民間施設に分けることができます。

〈公共型〉

・介護老人福祉施設（特別養護老人ホーム）
・介護老人保健施設（老健）
・介護医療院
・ケアハウス（軽費老人ホーム）

〈民間型〉

・介護付き有料老人ホーム（特定施設入居者生活介護）
・住宅型有料老人ホーム、サービス付き高齢者住宅
・認知症高齢者グループホーム

まずは公共施設についてみていきます。

・介護老人福祉施設（特別養護老人ホーム）

特別養護老人ホーム、通称「特養」は、社会福祉法人や自治体が運営する公的介護施設で、国からの補助金を受けて運営されています。そのため、民間施設と比べて利用料が低く抑えられているのが特徴です。しかし、これにより希望者が非常に多く、入所希望者が入所できず、待機が長引くことが課題となっていました。

特養に入所できるのは、65歳以上で「要介護3」以上に認定された高齢者です。このため、日常生活において全面的な介護が必要な方が多く、特に重度の認知症を患っている方が多く入所しています。特養は看取りまで対応できる施設であるため、「終の棲家」とし

て選択されることが多いです。

費用は所得や介護度に応じて異なりますが、4人部屋の場合で月額約4万5000～12万円と比較的手頃です。最近では、個室を希望する方も増えており、個室の場合、費用は月額約7万～18万円に設定されています。このように、利用者のニーズに合わせて施設のバリエーションが増えてきましたが、希望するタイミングでの入所が難しい場合があるため、事前に状況を確認することが大切です。

また、特養では重症の認知症患者が多く、入居者の介護レベルが異なる場合、ほかの入居者との交流や生活において違和感を覚えることがあるかもしれません。施設の雰囲気、入居者の介護レベルなどを確認しておくことが重要です。

・介護老人保健施設（老健）

介護老人保健施設、通称「老健」は、医師が施設長を務める医療機関としての役割を持つ施設です。老健は、病院から退院後の患者さんや、要介護の高齢者が自宅に復帰するためにリハビリを行うことを目的としています。病院での治療を終えたあと、すぐに自宅での生活に戻ることが難しい高齢者に対して、リハビリや医療ケアを提供することで、利用者が自立した生活に戻れるよう支援する一時的な施設です。原則として入所から約3～6カ月以内に退所することが求められており、必要なリハビリが完了したあとは自宅に戻るか、ほかの介護施設への移行を検討する必要があります。そのため、長期的な居住施設としての役割はなく、「終の棲家」にはなりえません。

・介護医療院

介護医療院は、医療ケアの必要度が高い方を入居対象としていて、看取りも視野にいれた長期入所を前提とする施設です。2023年度末で廃止が決められた介護療養型医療施設に代わる施設として2018年に創設されました。介護だけでなく医療面のケアを受けられるのが特徴です。要介護1以上の人が対象で、日常的に介護と医療的処置の両方を必要とする高齢者に対して、安心して生活できる場となります。看取りにも対応しているため、終の棲家として考えられます。

一方で家族や友人との自由な時間を過ごすことが難しい可能性があります。完全な個室ではない場合もあり、プライバシーや個人的な自由が制限されることも覚悟しなければなりません。

・ケアハウス（軽費老人ホーム）

ケアハウスは、経済的な理由や身体的な問題により自宅での生活が難しくなった高齢者が入居できる、半公的な施設です。自治体や社会福祉法人が運営しており、比較的低価格で利用できるのが特徴です。一般型は自立生活に不安がある60歳以上の高齢者が、介護型は自立した暮らしに不安があり、65歳以上で要介護1以上の高齢者が対象になります。

ケアハウスは、自立度が高い方が多く、日常生活のサポートを受けながら、比較的自由に生活することが可能です。介護度が上がっても対応してくれたり、看取りまでみてくれたりする施設もあります。利用料が低いことから人気ですが施設数が少なく、申し込みをしても入居待ちをしなければならない可能性が高くなります。

ここからは民間の施設になります。

・介護付き有料老人ホーム（特定施設入居者生活介護）

介護付き有料老人ホームは、民間企業が運営する施設で、提供されるサービスや入居条件が施設ごとに異なります。大きくは次の3つのタイプに分けられます。

入居時自立型：入居時に自立している人のみを受け入れるタイプ
介護専用型：入居時に要介護1以上の人を対象とした施設
混合型：自立している人も、介護が必要な人も両方を受け入れるタイプ

これらの施設では、24時間体制で職員が入居者の世話をし、日常生活のサポートやリハビリ、レクリエーションなどが提供されます。入居者の健康状態に応じて、適切なケアが受けられるため、生活の質を維持しやすい環境が整っています。介護付き有料老人ホームの中には、看取りまで対応する施設も増えており、こうしたホームは「終の棲家」としての役割を果たすことができます。

ただし、施設のサービス内容や質には大きな差があり、費用もホームによって大きく異なります。そのため、入居者層がどのような資産階層や介護度を対象としているのか、入居前にしっかりと調べることが重要です。介護付き有料老人ホームは、個人の生活スタイルや健康状態に応じた多様な選択肢があるため、適切な施設を選ぶことで、安心して老後を過ごすことが可能です。

・住宅型有料老人ホーム、サービス付き高齢者住宅

住宅型有料老人ホームやサービス付き高齢者住宅（サ高住）は、バリアフリーなど高齢者の住みやすさを重視した賃貸形式の住居です。入居者は賃貸契約を結び、住居を利用します。一般的なアパート形式で各自の居室を持ちプライバシーが確保されています。そして、ケアマネジャーのプランに基づき、必要に応じて訪問介護や訪問看護といった外部の介護サービスを受けることが可能です。施設内にデイサービスが併設されている場合、日中にリハビリやレクリエーションなどを利用することができ、地域コミュニティとの交流が図れます。

ただし、介護が必要になると、サービスを追加して契約する必要があるため、費用が上昇する可能性があります。

比較的自立して生活できる高齢者が、必要に応じた介護サービスを受けながら生活できる環境として適していますが、看取りや重度の介護には対応を行っていないため、ほかの介護施設への転居が必要になり、「終の棲家」になりにくいのです。

・認知症高齢者グループホーム

認知症高齢者グループホームは、認知症の高齢者が少人数で共同生活を送るための施設です。入居者は最大9人を1ユニットとし、同一施設内に最大3ユニットが設置されるため、少人数で家庭的な雰囲気の中で生活できるのが特徴です。専門医から認知症の診断を受け、原則65歳以上であり、要支援2以上の人が対象になります。

施設によっては、医療体制が整っており、看取りまで対応できるグループホームもあります。しかし、医療体制は施設ごとに異なるため、どの程度の医療ケアが提供されるかを確認することが重要です。看取りまでの対応ができる施設では、最期の時まで穏やかに過ごすためのサポートが行われます。

自分に最適な施設はきっと見つかる

最近では施設の選択肢も本当にたくさんあります。高級な雰囲気の場所、家庭的で温かい雰囲気の場所、趣味の活動が充実している場所など、自分に合った環境を探す楽しみもあります。特に、有料老人ホームの中には、元気なときから入居できる施設があり、介護が必要になった場合でも柔軟に対応してもらえ、看取りまでしてくれるところもあります。このような施設に早めに入居できると、住み慣れた環境でずっと自分らしい生活を続けられる可能性も高まるのではないでしょうか。

自宅での在宅医療を選ぶことも一つの方法ですが、将来的に難しいと感じた場合は、元気なうちに自分に合った老人ホームを見つけておくことも、幸せな老後を過ごすための選択肢の一つになるでしょう。ぜひ、自分に合った施設を今から探してみることです。

老人ホームに入居するタイミングはとても重要

実は老人ホームに入居するタイミングは、思っている以上に重要です。多くの人は「必要になったときに施設に入ればいい」と漠然と考えることが多いですが、タイミングを誤ると、思い描いていた老後の暮らしから遠ざかってしまうこともあるのです。

では、老人ホームにいつどのようなタイミングで入居するのがいいのかを、私の老人ホームに入居される方々の事例をもとに考えてみましょう。主に次の3つがあります。

・病気やケガ後に入居を決断するケース

このケースは、最も多い例かもしれません。脳血管障害や骨折などで入院し、退院後に自宅での生活が難しくなる場合です。思いがけない病気やケガで身体が思うように動かなくなり、介護が必要になると、自宅での生活を続けることが困難になります。こうした状況では、事前の準備がないと、老人ホームの選択肢が限られてしまうことがあります。「とりあえず」で選んだ施設が自分に合わない環境だったり、希望する条件を満たしていなかったりするリスクを考えると、早めの情報収集が大切です。

・夫婦のどちらか、もしくは一人暮らしの不安から入居を決断するケース

夫婦の一方が介護を必要とする状況や、どちらかの方が亡くなり一人暮らしになると、家族が心配して入居を選ぶケースもよく見られます。特に軽いものでも認知症が発症すると、ガスの始末など生活の安全に対する不安が増して、施設入居が現実的な選択肢となります。このケースでは、80代後半から90代前半で入居してくる人が多くなります。比較的健康であれば「もう少し自宅で頑張ってみよう」という気持ちが強いものですが、日々の不安を取り除くために、家族と一緒にタイミングを見極めることが必要です。

・比較的元気な70代で、将来を見据えて早めに入居するケース

少数派ですが、将来のために70代のうちに、自分の気に入った老人ホームに入居するケースです。私の知り合いのある男性は、奥さんを亡くしたあと、自立している人を対象とした老人ホームに入居しました。彼はそこでのアクティビティに積極的に参加して楽しんでいました。しかし、介護が必要な状態になれば、その老人ホームに入居し続けることはできません。彼はそこで数年を過ごしたのち、看取りまでみてくれる別の老人ホームへと移ったのです。今も大きな病気をすることなく元気にしていますが、第2の老人ホームで、楽しく過ごしているようです。彼はもともとは会社を経営していたのですが、早いタイミングでスパッと後輩に譲って自分は引退するなど決断や行動が早い人でした。一人暮らしで、子どももいなかったので、身軽に自分のことを決めやすい面もあったかと思いますが、積極的に老人ホームを利用して、老後を楽しんでいる方のよい例です。

これまで一人暮らしや夫婦二人で自由に自立して生活をしてきた人は、集団生活になる老人ホームへの入居を躊躇したり、施設での人間関係に煩わしさを感じたりする人もいるでしょう。それが入居のタイミングを考えるのを先延ばしにしてしまう要因になっている

場合もあります。

しかし、それほど心配しなくても大丈夫です。どこに行っても苦手な人、相性の悪い人というのはいます。もしも合わない人がいても、それはそういうものだと思えばいいのです。なぜなら必ず、打ち解けやすい人や相性のいい人もいるからです。

実際、私の老人ホームではスタッフが入居者同士の関係性や雰囲気も見ながら、コミュニケーションが円滑に進むようにサポートもしています。老人ホームの選択肢が多様化している今こそ、情報を集め、最適なタイミングで安心して入居できるよう、事前準備を進めてみませんか。

最期の看取りまでを考えて老人ホームを選ぶ

では、具体的に老人ホームを選ぶ際に集めるべき情報をあげておきたいと思います。これらの点をしっかり考慮することで、将来の生活に安心感を持って入居を決断できるようになります。

入居者の介護度

各施設には、入居者の介護度に応じた入居条件があります。例えば、特別養護老人ホーム（特養）は要介護3以上の人が対象ですが、民間の老人ホームには自立している人でも入居できる施設や、要介護の人だけが入れる施設などがあります。自分の現在の介護度や、将来的にどのように変化するかを見据えて施設を選ぶことが重要です。

医療・介護・リハビリのケア体制

老人ホームは医療機関ではないため、医療行為には制限があります。施設によっては、訪問診療の医師が定期的に訪れる場合もありますが、その頻度や対応内容を確認しておくことが大切です。週に1～2回、訪問してきて、各部屋を回って薬を処方するというところが多いかもしれません。また、リハビリを希望する場合は、その体制が整っているかも事前に確認しておきましょう。毎日できるのか、週に数回程度なのかで違いが大きくなります。

看取りの対応

緊急時や急変したときの対応と看取りの実施については確認が必須です。看取りをしている場合は、過去の実績やどの程度希望が反映されるかを確認する必要があります。経験豊富な施設であれば、安心して自分や家族の最期を任せることができます。

設備やレクリエーションの充実度

毎日の生活が快適かつ楽しいものになるかどうかは、設備やレクリエーションの充実度にも大きく依存します。施設の衛生管理や清潔感はもちろん、サークル活動やイベントの内容も、自分の趣味や興味に合っているか確認しておくと良いです。

スタッフの雰囲気

スタッフの対応や雰囲気も大切な要素です。スタッフが余裕をもって働ける環境であれば、それだけ入居者に対しても親切で丁寧な対応が期待できます。入居者に対する介護スタッフの配置基準が守られているか、スタッフと入居者の関係が良好かどうかを見学の際に確認すると安心です。

食事

食事は日常生活の楽しみの一つです。温かい料理が提供されるか、選択肢が豊富か、また、施設内で調理されているかどうかを確認することも重要です。食事体験などを開催している場合もあります。施設によっては、居室で自炊が可能なところもあります。自分のライフスタイルに合う選択肢を選んでください。

運営法人の経営状況・理念

施設の経営者や施設長の理念や考え方は、その施設全体の運営方針に大きく影響します。できるだけ経営者や施設長と話をする機会を作り、経営の健全性や理念を理解しておくことが大切です。

立地・エリア

立地やエリアも重要です。地元に近い施設であれば、住み慣れた地域で安心感を持てますし、家族が面会に来やすい場所であれば、家族との交流も続けやすくなります。自分が何を優先するかを考え、希望の場所を選ぶと良いです。

費用

費用面も非常に重要です。施設ごとの費用には大きな差があります。特養などの公的な施設は比較的安価ですが、民間の施設は高額なぶんサービスや環境が充実していることが多いです。自分の予算やライフスタイルに合った施設を選びましょう。介護保険の認定があれば、介護保険制度を使うことで金銭的な面での心配を抑えることもできます。

老人ホームを選ぶ際は、すべての条件に合う施設を見つけるのは難しいかもしれませんが、優先順位を明確にすることで、理想に近い施設が見つかりやすくなります。自身や家族の将来を安心して過ごすために、これらのポイントを考慮しながら慎重に選択することが大切です。

「相性がよい」施設かどうか

老人ホームを選ぶ際に、いちばん大事なのは「相性」です。どれだけ設備が整っていて、ケア体制が優れていたとしても、毎日そこで過ごす自分にとって心地よい場所でなければ、どこかでストレスを感じてしまうこともあるかもしれません。それはレストランなどでも同じです。どんなに評判の良いお店でも、自分には少し居心地が悪いとか、ちょっと雰囲気が合わないと感じることがあるのではないかと思います。

そこで役立つのが、体験入居です。実際に施設に短期間滞在して、食事をしたり、スタッフやほかの入居者と交流したり、施設の雰囲気を体感できるものです。体験期間は施設によってさまざまで、1泊2日から数週間、時には数カ月にわたる場合もあります。長めの滞在が可能な場合には、日常生活をよりリアルに感じ取れるのでおすすめです。私の老人ホームでは2週間の体験入居が可能で、1泊の料金は5000円程度となっています。できれば1週間以上体験できると、老人ホームでの暮らしや雰囲気がより現実的なものになるかと思います。

期間中、食事の内容やスタッフの接し方、居室の使いやすさなどを実感してみてください。パンフレットには「高級レストランのような食事」と書かれていても、実際に食べてみると、好みに合わないこともありますし、逆に特別豪華ではなくても「なんだか落ち着く」と感じる食事を提供している施設もあります。また、スタッフの対応ひとつとっても、入居者の話を親身に聞いてくれるか、ほかの入居者との雰囲気が穏やかかどうかなど、細かな部分に気づけるのも体験入居ならではです。

「まずは試してみる」という気持ちで体験入居を利用してみるのが良いと思います。パンフレットやインターネットだけでは分からない施設の「空気感」や「人との相性」を体感してから決めれば、後悔も少なくなるはずです。また実際に体験してみると、老人ホームでの暮らしそのものをイメージしやすくなります。その体験から、老後をどう過ごしたいかをより具体的に考えることもできるようになります。老後の生活があまり想像できないという人ほど、体験入居してみる価値があります。

「特養だからこう」「有料老人ホームだからこう」と一くくりに語ることはできません。いずれもそこを運営する経営者や施設長がいて、働くスタッフがあってこそです。対応の仕方や雰囲気、またそこでのルールなどもまったく違ってきます。「終の棲家」として心から安心できる施設にめぐり合うためにも、ぜひ積極的に利用してみてください。

医師が作った老人ホームのメリット

ここで少し、私の運営している老人ホーム「あすみが丘グリーンヒルズ」での日々の生活の様子を紹介しておきます。少しでも入居生活の参考になれば幸いです。

まず、医師である私が直接運営している老人ホームで、ほかの施設とは異なる大きな特徴があります。それは、同じ施設内に私が院長を務める内科クリニックが併設されていることです。この仕組みにより、日中は私がホームの入居者の健康管理を直接サポートし、医療面での手厚いケアを提供しています。

老人ホームでは、高齢者の方々が日々生活を送っていますが、当然、体調が急変することがあります。そこで、私たちのホームでは毎朝の体調チェックを欠かさず行い、入居者の状態をしっかりと把握しています。異常が見つかれば、すぐに私や看護師が対応します。この体制によって、入居者の方々やそのご家族に安心感を持っていただけることが、私たちの強みとなっています。

さらに、私たちのホームでは、心身の健康を維持するために、作業療法士が常駐し、リハビリプログラムを充実させています。朝のラジオ体操で体をほぐし、週2回のグループエクササイズや週3回の個別リハビリを行っています。こうした活動は、単なる体力維持だけでなく、参加者同士の交流や日々の楽しみとしても人気があります。

特に好評なのが、屋上のガーデニングスペースを使った園芸療法です。入居者の皆さんが四季折々の花や野菜を育て、その収穫を楽しんでいます。自然と触れ合うことで心が癒やされ、ガーデニングを通じた会話が生まれるなど、笑顔が増えるきっかけにもなっています。

建物内にはスタッフの子どもたちを預かることもできる認可保育所を併設しており、時々子どもたちが老人ホームに行き、入居者と交流することもあります。

また、施設の内装や家具にもこだわっていて、自宅のようにくつろげる雰囲気を作っています。入浴の時間を楽しんでもらうために檜《ひのき》風呂を設置したり、定期的にお茶会や書道などのレクリエーションも行ったりして、心豊かに過ごせる環境にも力を入れています。介護が必要な方も、そうでない方も、どちらも安心して暮らせるような工夫を心掛けるようにしています。

スタッフの配置も通常の基準を上回る体制で、入居者2人に対して1人のスタッフが担当します。スタッフに余裕があることで、介護サービスの質も自然と向上しています。

例えば、お墓参りなどの外出や外部の病院への通院の付き添いなども個別に対応させてもらいます。グループでお花見に行ったり、外食をしたりすることもあります。ありがたいことに長く働いてくれているスタッフが多いこともあり、入居者とのコミュニケーションも円滑にしてくれています。

認知症の方もいますが、穏やかなタイプの人が多いです。これもスタッフの対応によるところが大きいと思います。認知症でも感情は残るとお伝えしたとおり、「うれしいものはうれしい」「楽しいことは楽しい」「気持ちいいものは気持ちいい」と感じることができます。ですから、嫌なことではなく、うれしいこと、楽しいこと、気持ちいいことをたくさん感じられる場所で過ごすことができれば、それも一つの幸せな過ごし方につながると信じて、接しています。

そして、食事にも力を入れています。衛生面の管理を徹底しつつ、3カ月ごとに入居者からの食事に関する要望を聞く懇談会を開き、そのフィードバックを食事委託業者との毎月のミーティングで反映しています。私自身も毎日、施設で昼食を皆さんと一緒にいただいているので、常に食事の質もチェックしています。

家族にとっては看取りができるかどうかが大切

私たちの老人ホームでは、過去5年間で43人の方々を看取ってきました。

今後も、最期までこのホームで過ごしたいという希望を持つ方が増えていくと思います。入居者の中には、脳血管障害やがんの終末期の方もいらっしゃいます。特にがんでは転移などが進行し、夜中に急に具合が悪くなることや、激しい痛みに襲われることもあります。そのような場合に備えて、近隣の訪問診療クリニックと連携し、24時間対応ができる体制を整えており、入居者ご本人にも家族の皆さんにも安心してもらっています。

私たちが目指しているのは、痛みや苦しみを和らげながら、その方らしい最期を迎えていただくことです。最期が近づくと、食事ができなくなり、飲み込むことも難しくなっていきます。点滴を行うこともありますが、無理に命をつなぐ治療は行いません。自然な衰えを見守りながら、その人にとって穏やかな時間を作ることを最優先にしています。

最期の時、家族の存在は大きな支えです。家族が泊まり込んでそばにいられるように配慮もしており、ご家族水入らずで静かに最期の時を過ごされる人もいます。あるご家族は、最期の瞬間まで手を握りしめて、やさしく声をかけ続けられていました。また別のご家族はただ穏やかにそばで見守っていました。時にはお孫さんを含め、たくさんの家族が訪ねてこられることもありました。どれもその一つひとつの場面が、ご家族にとって大切な思い出となっています。

施設での看取りといっても、在宅医療での看取りと同じように、私が何か特別なことをするわけではありません。大切なのは、最期の瞬間までその人が苦しまずに過ごせるようにすることです。そして、ほとんどの方が、穏やかな表情を浮かべて逝かれます。亡くなったあとは、速やかに死亡診断書を書かせていただき、看護師の手でエンゼルケアを行い、身体をきれいに整え、外見も元気な頃の印象に近づけるようにします。その姿を見てご家族の方も喜ばれます。葬儀社の方がお迎えに来られたときには、スタッフ全員でお見送りをしています。

このように、看取りができるとご家族は「最期に穏やかな時間を過ごせてよかった」「家族で見守ってあげられてうれしかった」と感謝されることが多いです。

もちろん、事情があってご家族が最期に立ち会えない場合もあり、ご家族がいらっしゃらない場合もあります。その際は、私たちスタッフがしっかりとお見送りします。

いざというとき、延命治療を望むか望まないか

施設での看取りや延命治療について、特に難しいのは、入居者が急に体調を崩したり、肺炎などを起こしたりした場合です。家族は治療を求めて病院へ搬送するか、それとも延命を控えるかという難しい選択を迫られます。病院での治療が有効で、元気に戻れるなら、もちろん治療を受けるのが最善ですが、終末期においては、時に「治療をしても命を長らえるだけ」という状況になることも少なくありません。

しかし、家族は突然の事態に直面すると救急車を呼び、病院へ連れて行く選択をしてしまうことがよくあります。それは「目の前の大切な命を救いたい」という強い想いからです。この気持ちは決して否定されるべきではありませんが、大切なのは本人の意向を尊重し、その選択をできる限りサポートすることです。

もし、「延命治療をせず穏やかな最期を迎えたい」と望んでいる場合は、病院への搬送を断り、施設や自宅で看取ってもらう選択をすることが必要です。これは「施設を終の棲家に」と考えているときだけでなく、在宅医療で「自宅を終の棲家にしたい」と考えてい

る場合も同じです。病院に搬送せずに、主治医に連絡をとってそのまま在宅で最期を迎える選択をしなければなりません。

「延命治療はどこまで意味があるのか」――という問いは、簡単には答えが出せません。繰り返しになりますが、もし延命治療によって、再び家族と会話ができ、穏やかな日常を取り戻すことができるなら、その治療には十分な意義があります。しかし、延命治療によって、数カ月間、寝たきりの状態が続き、意識が朦朧《もうろう》としたまま生かされるのであれば、それが本当にその人にとっての最善の選択なのか、深く考える必要があると思います。

私自身、病院で延命治療を受けながら最期を迎える患者さんたちを多く見てきました。人工呼吸器や点滴、胃ろうといった装置につながれ、命が延びていく姿を目の当たりにしてきましたが、「これが本当にその人が望んでいた最期なのだろうか」と、家族だけでなく医療従事者である私自身も考えさせられる瞬間が幾度となくありました。

医療技術の進歩により、救われた命は多いですが「生かされている」という状態に過ぎないこともあります。最期をどう迎えたいのか、本人があらかじめ考えておくことは重要です。

延命治療をするかという点については、老人ホームに入居する際に必ず確認が求められると思います。私の老人ホームでも、入居時に本人と家族に確認をし、その後も定期的に意思を再確認するようにしています。健康なときには「何もしないでほしい」と考えていた人も、体力が衰えてくると「できるだけのことをしてほしい」と思い直す人もいます。その逆もまた然《しか》りです。いずれにせよ、そのとき、そのときの気持ちを周囲に伝え、家族とその考えを共有しておくことが大切です。いざというときに、安心して最期を迎えるための準備は、決して早すぎるということはありません。

私自身も、いずれは自分が運営する老人ホームに入居するつもりです。多くの方が安心して過ごせる環境を考えてきましたが、それは自分自身が最期に望む環境でもあります。最期の時も延命措置は希望せず、自然な形で、穏やかな最期を迎えたいと考えています。それが、私が思い描く理想の老後の一部なのです。

感染対策についての施設の方針を確認しておく

新型コロナウイルスが猛威を振るっていた頃、私たちのホームでもクラスターが発生し、約30人の入居者が感染しました。本当に不安な日々でしたが、スタッフ全員で早期対応に全力を尽くし、幸いにも全員が無事に回復することができました。それは、今でも私たちにとって大きな救いです。

コロナ禍は全国の高齢者施設にとって試練の時で、当時はほとんどの施設が面会や外出に厳しい制限を設けざるを得ませんでした。外出が自由にできず、買い物もできなくなり、家族や友人との面会時間にも制限が付き、面会ができたとしても1日たった15分だけというところもありました。そのような状態が入居者に与えた影響は大きなものだったと思います。それまでは非常に元気だった人も、気持ちが落ち込んでしまったり、認知症の人は症状が進んでしまったり、歩く機会が減り筋力が落ちてしまったりしました。何より、家族と直接会えないつらい時期を過ごしたことと思います。

コロナでなくとも、施設の生活は、工夫がなければどうしても単調になりがちです。ですから、イベントを開催したり、季節の催しをしたりという施設側の働きかけが欠かせないのです。私のところでは、近隣の公民館でもさまざまなイベントが開催されるので、そちらにも積極的に参加するようにしてもらっています。

高齢になれば残りの人生の時間が限られ、身体的にも制限されることが増えていきます。施設の中の行動まで制限されてしまうのはつらいものです。だからこそ、高齢者の自由を制限せずに、生活の質を守ることをより大切に考えるようになりました。

現在では入居者の外出は自由ですし、面会も9時から18時までいつでも可能です。特に看取りの際は、家族が泊まり込んで寄り添うことができるようにし、最期の時間をともに過ごせるようにしています。このような制限の少ない環境を提供することで、入居者が「自宅のように安心して暮らせる場所」を目指しています。

しかし、今でも面会時間や外出を制限している老人ホームは多くあります。感染対策のために外部との接触時間を極力減らしたほうが安心だという人もいると思います。どれが正解かは分かりません。ただ、自分自身にとって良いと思うほうを選ぶことが大切です。そのためにも施設を選ぶ際は、しっかりと方針は確認しておくとよいと思います。

家族に頼るか、プロに頼るか

終の棲家について自宅か施設かという選択について考えてきました。施設で働くスタッフはプロの介護者です。時間制限の中で、最大限のサポート、サービスをしてくれます。

一方、家族は素人であり、同居していると24時間つねに介護にあたらなければいけない状況も発生します。

家族に世話をされるほうが気心も知れているし、気を使わなくてすむと思われるかもしれませんが、プロの介護者のほうが介護の質は上ですし、気持ちにもゆとりがあります。

家族に任せて家族が疲弊してしまうのを避けるために、プロのサービスを利用するのは一つの手段です。そして家族にも身体的・精神的に余裕が生まれれば、その時間をお世話ではなく、ゆっくりと話したり、互いを思いやる時間に充てたりすることができるかもしれません。

これまでは、高齢者施設といったら、共同生活の中で、満足できるケアを十分にしてもらえないのではないかといった不安もあったかと思います。しかし、今は民間の老人ホームが増え、生活の自由度やレベルを下げることなく、自宅で過ごしているのと同じように過ごせる施設が選択肢としてたくさんあります。介護が必要な場合だけでなく、一人暮らしをして自立している高齢者にとっても選べる老人ホームもあります。

在宅医療にしのびよる悪徳ビジネスもある

これからの高齢化社会を考えたとき、地域全体で支えあう体制づくりが進んでいくと期待をしています。国の方針もあり、医師だけでなく、歯科医師、看護師、介護士、理学療法士、作業療法士、ケアマネジャーなどの多職種の連携の機運が高まっています。例えば、訪問診療を行う医師が、訪問看護ステーションやデイサービス、さらには地域包括支援センターと密に連携することで、患者さんやそのご家族に必要なケアが一体となって提供されつつあるのです。私の地元の千葉でもネットワークが強化されており、患者さんにとっても家族にとっても大きな安心材料になっています。

しかし、中には悪質な訪問診療ビジネスが横行しているケースもあります。自宅で介護をする人にとって、心強い訪問診療ですが、最近はごく一部ではあるものの医療としてではなく、ビジネスとして訪問診療をするケースが目につくのです。する必要のない治療や投薬を勧めて、収入を増やしたり、介護ポイントが高くつく夜間にわざわざ訪問したりするなどといったものです。医療ニーズの高い人ほど、そのような悪質な訪問診療ビジネスに狙われやすくなるようです。

例えば、がんの末期の人は訪問診療回数が多く認められています。そのような家庭に何度も訪問をして、不要な治療にもかかわらず、さも必要な治療かのように提案して実施するのです。家族はできる限りのことをしてあげたいと思っています。そんな心理に付け込んで、「よくなりますよ」と忍び寄ってくるのです。

しかし、このような訪問診療は、治らないことを分かったうえで、お金儲けのために延命治療を勧めてくるのです。本来、医療はビジネスではありません。医療を継続するために、経営を維持する必要があり、赤字にならない程度には収入を得る必要はありますが、医療をビジネスにして儲けようとすること自体が、事態をややこしくしていると私は感じます。悪質な看取りビジネスに引っかかってしまわないよう十分注意する必要があります。

第6章

終わりよければすべてよし

老後を幸せに過ごせば人生100年時代を謳歌《おうか》できる

いい人生だったかどうかは老後で決まる

「終わりよければすべてよし」

これは医師として55年、たくさんの高齢者を診察し、自分自身が81歳という年齢を重ねてきたからこそ行きついた考えです。長い年月、数多くの高齢者と接してきましたが、人生の後半戦である老後を穏やかに送れた人こそ、人生の成功者だと考えています。

勤め先の会社で若い頃から充実した日々を送っていた人も、ビジネス界で華やかな活躍をし、うらやましがられるような成功を手に入れた人も、また家族や仲間に囲まれて喜びを分かち合う人生を歩んできた人もいました。しかし、定年を迎え仕事という大きな生きがいを失った瞬間から、また健康を害してこれまでの生活が一変してしまった瞬間から、それぞれ人生が大きく変わってしまいます。充実した生活を送っていたにもかかわらず、孤独に苦しみ、心が沈み、認知症へと進行してしまった人、資産を持ちながらも脳梗塞で突然倒れ、家族の選択により想像もしなかった場所で最期を迎えた人、そんな人を見ていると、どれだけ人生の前半がよくても後半を穏やかに過ごせなければ、その人にとって、とてもつらい最期の時が来るのを痛感しました。最期の瞬間が苦痛や孤独に覆われるなら、それまでの輝かしい日々の意味が失われてしまうように、あるいは、まるで否定されてしまうかのように感じられるのです。

これまで頑張ってきた人生の最期なのですから、そのときを自分自身が心から満ち足りた状態でいられるなら、それだけでいい人生だったと思えるのではないでしょうか。周りに感謝をして、自分はなんて恵まれていたんだ、よい人生だったと振り返ることができれば、それはもう十分幸せな人生だったといえると思うのです。

私は大学病院、在宅医療、そして老人ホームで、さまざまな人生を歩んできた方々を見送ってきました。最期の瞬間までを見据えて準備をしている人は、その老後が一層豊かになることを教えてもらいました。

人生には変えられるものと変えられないものがある

少し長くなってしまうのですが、私のこれまでの人生を振り返らせてください。そこには私が感じてきたもう一つの教訓、「人生には変えられないものがある」ということについてがあります。

私は生後4カ月のとき、実母を亡くしました。兄弟もいましたが戦時中でもあり、私は実の父親の元では育てられずに、養子に出されることになりました。実母が亡くなったこと、養子に出されたこと、これらは私の意志とはまったく関係のないところで起こったことで、自分に選択する余地もなく、私はその道を歩むことになりました。また、私を育てくれた両親との出会いもまた、私の選択ではなく、大きなめぐり合わせの一部でした。

育ての父は高校の教師で決して裕福な家庭ではありませんでしたが、真面目な人でした。父からはよく「相手の立場になって考えなさい」と教えられながら育ちました。

人生において、「運命は変えられる」とよく言われます。しかし、一方で変えられないもの、すなわち「宿命」と呼ばれるものもあります。生まれた国や家や環境など、自分ではどうしようもないものがあります。私は自分の生い立ちを振り返ったとき、自分の宿命に従って生きてきたのだと思うのです。そんな自分にはどうしようもないことに、ある意味仕方ないと諦めたり、あるいは導かれたりして、今があります。

このように自分の力ではどうしようもないことが人生には多くあります。その中でも一つ、大切なことに気づきました。それは、人は皆、何らかの役割をもって生まれてきているということです。どんなに変えられない環境の中でも、役割に気がついて、その役割に向かって努力を続けた人は、充実した人生を送れるのだと思うのです。そういう人が、私が思う人生で成功した人です。逆に役割に気づかないまま、迷いながら生きていると充実していない人生になってしまいます。それは幸せな人生とは言えないように思うのです。

医師、教師、弁護士、歌手、小説家――、好きなことを仕事にできた人は、時間を忘れて没頭し、その結果、人生の満足感を得てはいないでしょうか。私の父もそうでした。教師という仕事に真摯《しんし》に取り組み、やりがいを感じて生徒たちに向き合っていました。私は医師の道に進んでから、同僚や先輩医師の中にも、同じように患者さんを救おうとする熱い思いを持っている多くの人々に出会いました。彼らは皆、自分の役割に気づき、その役割に向かって努力していたのです。

一般的には、収入が多い人や、誰もが知るような大きな会社に勤めていたり、大きなプロジェクトを遂行したりした人が成功者として世の中から見られていると思います。しかし私の考えで言えば、好きなことを見つけてそれができている人、これだけでこの人は生まれてきた意味があり、人生の成功者だといえると思っています。好きなことをしている人は、いちばん上手に役割を果たせていると思うのです。

もちろん、必ずしも全員が好きなことを仕事にしているわけではありません。会社員をする傍ら、農作業をしたり、ボランティア活動をしたり、音楽活動をしたりするなど、好きなことを見つけて取り組んでいる人がいます。定年後に自分の好きなことを見つけ、それに打ち込むことで、充実した老後を送る人々も多くいます。これも一つの役割を果たしているといえます。

人生の後半にこそ役割が見つかる

また、最初はそれほど好きでなかった仕事も、継続していくうちに好きになっていき、それが自分の役割だったと気づくこともあります。

私の場合もそうでした。最初から医師を志していたわけではなく、むしろいくつかの偶然が重なった結果、医師の道に進むことになりました。

高校時代、私は世間をあまり知らず、教師か弁護士、もしくは医師という進路しか想像ができませんでした。父親が教師だったので違う道へ進みたいと思い、医師になる道を選びました。

大学入学後は学園紛争のため、いちばん大事な医学部6年目の1年間はほとんど授業がありませんでした。世の中の流れに翻弄《ほんろう》され、自分の目標を見失いかけた時期でもありました。医師の国家試験には合格できましたが、学園紛争の影響で、研修先を探すのも容易ではありませんでした。卒業した千葉大学では受け入れてもらえず、大学の先輩がいた縁で、東京女子医大で研修を受けさせてもらうことになったのです。研修先の教授が、神経内科専門の先生だったのが私と神経内科の出会いでした。

まだ神経内科という分野がそれほど知られていなかった時代です。その教授のもとには全国から多くの患者さんが集まってきました。しかし、診断が出て治療方針が決まっても、地域に戻って治療できるような病院がまだありませんでした。対応できる病院があれば自宅から通院しながら過ごせるのにそれができなかったのです。これが在宅医療を考えるスタートでした。その後、千葉大学の神経内科に所属し、国立病院である千葉東病院の神経内科病棟の開設にもかかわり、本格的にパーキンソン病や筋ジストロフィー症など、経過の長い病気と向き合うことになります。在宅医療の必要性を感じていた私は、厚生省在宅医療研究班の班員として在宅医療に関する研究にも関与しました。

その後、47歳で神経難病の在宅医療を目的に開業します。開業後は医師という仕事がますます好きになっていきました。訪問診療を通して、地域の人々と直接かかわり、彼らの生活に寄り添い、助けることに、これまで感じたことのない大きな喜びを感じるようになったのです。

しかし、患者さんの自宅を訪問すると、在宅介護の厳しさに直面します。介護が必要な状態で、自宅で穏やかに過ごすことがいかに難しいか……中心となる介護者がいなければいけませんし、たとえいたとしても、その人が高齢では共倒れする始末です。若くても介護のためにかなりの時間をささげなければなりません。介護がきっかけで起こる家庭内不和や、トラブルの数々……そんな現実を多く目にしました。

患者さんだけでなく家族をなんとかサポートしたいという思いが強くなり、開業して9年を経た頃、クリニックを移転し、同じ建物にデイケア（通所リハビリテーション）と訪問看護ステーションを開設したのです。患者さんが日中、デイケアで過ごすことができれば、献身的に介護をしている家族がその間に休養したり、自分の好きなことをしたりできます。患者さんも自宅にずっといるより、デイケアでいろいろな人と交流をすることのほうがリハビリや認知症の予防にもなります。少しでも患者さんやその家族の役に立てたことはうれしかったですが、規模も小さくて受け入れる人数にも限界がありました。

また、介護の負担にかかわらず、年老いた親と子ども家族が同居する難しさも知りました。「最期の時をまるで自宅にいるかのように、穏やかに過ごせる場所を提供できないだろうか……」そんな思いがますます強くなっていきました。最期まで看取ってもらえる終の棲家を作りたいと思ったのです。私自身が最期の時をそこで過ごしたいと思えるような老人ホーム――もし、そんな場所があったら、みんなを幸せにできるのではないだろうか。どんどん夢は膨らみました。

その後、64歳のときに老人ホームを開設するに至りました。クリニックを老人ホーム内に移転し、今は高齢者の暮らしと医療を両面からサポートする施設の運営、高齢者とその家族を幸せにすることに生きがいを感じています。これが私の役割だったのかと感じています。開業した当初は介護まで事業を広げることになるとは夢にも思っていませんでした。やりながら、やりたいことが見えてきたのです。

こだわりを手放して自分らしく生きるには

人は生まれてから、親や周りの環境に大きく影響を受けて育っていきます。次第にある程度のことは自分で判断をして行動が取れるようになってくると、自分で進路を選んだり、キャリアを選んだりして、自分の人生を決めていきます。そうして、さらに目標を立てて、努力をして一生懸命頑張って運命をさらに切り拓いていこうとします。しかし人生には、自分の力だけではどうしようもないことがあると私は感じています。

何が幸せかは、状況をどうとらえるかによって決まる部分が大きいのは確かです。しかし、一つ確かなことは、「変えられないこと」にこだわると、自分を苦しめることになるということです。状況が思うようにいかなくても、あるがままの現実を受け入れ、そこで幸せを見いだすことが大切です。「こうあるべきだ」「ああすればよかった」と思うことは、現実に大きな変化をもたらしません。むしろ、自分を追い詰めてしまうだけです。「それはそれ」と、ただ現状を受け止め、執着を手放すことで、私たちは真の自由を手に入れることができるのです。現実をそのまま受け入れることが、自分を解放し、穏やかな心で生きていく最も楽しい方法だと感じています。

この考え方は、私自身の生い立ちや患者さんやその家族との対話の中で見つけた答えでもあります。人生には、自分の意志ではどうにもならないことがあります。それにどう向き合うかが、私たちの在り方を決めるのではないでしょうか。人は、自分では気づかないうちに、その現実の中に生きるすべを見つけ出すのかもしれません。だからこそ、今、この瞬間をどう生きるかが、これから先の未来を変える一歩となると思うのです。

死とはこの世の役割を終えたから訪れるもの

親しい人との別れや自分自身の病気に直面すると、「死」という現実が急に身近に感じられることがあります。信頼する友人や長年連れ添った伴侶を失ったとき、あるいは重病を抱えたとき、「もう生きている意味はない」と感じることもあるかもしれません。または、反対に「死ぬのが怖い」と恐れが込み上げてくることもあると思います。しかし、死というものは、私たちが避けられない宿命でもあります。どれだけ「死にたくない」「まだ生きたい」と願っても、生まれた以上、誰もがいつかは死を迎えるのです。生きることと死ぬことは相反するものでありながら、実は一つの流れとしてつながっているものです。

私たちは、日常の中で死を意識することは少ないかもしれませんが、やがて避けられない別れが訪れると、「命」について考え直さざるを得ません。死を意識することで、私たちは「良く生きる」ことの重要性を強く感じるようになります。自分らしく、そして他者との関係においても心地よく生きることこそ、良い人生の在り方だと思います。

もちろん、大切な人を失うという経験は、計り知れない悲しみを伴います。しかし、時間はその痛みを和らげ、癒やしてくれることもあります。夫や妻を亡くして、最初のうちは耐え難い孤独や悲しみに包まれるかもしれません。それでも、1年、2年と時が経つにつれ、少しずつ元気を取り戻し、趣味や仲間と過ごす時間を楽しんでいる方も多く見受けられます。最近、私の老人ホームでも、長年一緒に暮らしていたご夫婦の奥さんが亡くなられました。ご主人に寂しくないかお聞きしたところ、静かにこう言いました。「いずれこうなることは分かっていましたから、仕方ありません」と。夫婦はいつかどちらかが先に旅立つことになります。この言葉から、最期の別れに向き合う「覚悟」の重要さを改めて感じさせられました。人生の終わりに向けて、どのように大切な人との別れを迎えるか――これを意識することもより良く生きることにつながるように思います。

私は自分の「終の棲家」を選び、最期を迎える準備をしっかりと進めておくことが大切だとお話ししてきました。しかし、それ以上に「最期はこうでなければならない」という固定観念にとらわれすぎてもいけません。最期は「なるようになる」と柔軟に受け入れる心構えも必要なのです。

病気になるかならないかに関係なく、最期が近づけば、人は自然と他者の助けを必要とするようになります。そのとき、自分がどういう状況にあろうとも、それを受け入れ、最期まで楽しみや生きがいを持ちながら日々を送ることが大切です。目の前の楽しみや感謝すべきことに焦点を当てることで、最期を迎える瞬間まで満ち足りた気持ちでいられるようになります。

人それぞれの人生は異なります。それぞれの感情や考え方も違います。だからこそ、おのおのが自分らしく充実した日々を送り、それが最期の穏やかな時間へとつながっていくことが理想です。

私は訪問診療や老人ホームで、数えきれないほどの「看取り」に立ち会ってきました。

多くの方々の人生の最終章を見届けてきたわけですが、共通して感じることは、穏やかに、そして静かに逝かれる方々の姿が、とても自然で美しいということです。こだわりや執着を手放し、そのままを受け入れて生きてきた人たちの最期は、心が安らぎ、感謝とともに迎えられるのです。特に高齢になると、残された時間は限られてきます。だからこそ、その時間を意識して生きることが大切になります。

私たちは皆、何かしらの役割をもってこの世に生まれてきています。ですからその役割を果たし、役割を全うしたときに、自然と死というものが訪れるのではないかと考えることもあります。最期の時を穏やかに迎えるということは、人生の役割を果たしたといえるのではないかと思います。

諦めない心が人生を豊かにする　最後まで楽しむ生き方

人生において、最後まで諦めないことの大切さは、何よりも深い意味を持っています。医師としてこれまで多くの患者さんと向き合ってきた経験からも、最期の瞬間まで希望を持ち続けることが、どれだけその人の人生を豊かにするかを強く感じています。

また、私の人生における象徴的な出来事として、大学入試のエピソードがあります。私は数学が不得意で、入学試験のとき最後の問題が解けず、時間だけがどんどん過ぎていきました。それでも最後の最後まで諦めずに必死で考え続けました。するとまさに残りの20分で答えがひらめいたのです。これだ！とすぐに解答用紙に書き込みました。結果として、合格を勝ち取ることができました。この話は孫によく話して聞かせています。

人生とは不思議なもので、最後まで必死に取り組めば、時々そういうことが起きるのです。大学に合格できたおかげで、私は医師という職業に就くことができ、老人ホームを運営することができています。そして、その道で妻と出会い、結婚し、息子が生まれ、孫にも恵まれました。もし、あのとき、途中で諦めてしまっていたら、不合格となり、今の自分は存在せず、まったく違う人生をたどっていたことでしょう。目の前にいる孫とも会えていなかったのかもしれません。人生とは、本当に不思議なものだと思います。

同じようなことが老人ホームを建てようと思ったときにもありました。なかなかよい土地が見つからず、計画が進まない日々が続いていたのです。実は開業する際に物件を紹介してくれたのが大手の不動産会社のこの地区の開発責任者で、その人は私の大学病院での患者さんでした。その縁で同じ不動産会社から紹介を受け、今の場所に老人ホームを建設することができました。

結果的に、最寄り駅から徒歩20分程度で、バス利用ができてアクセスもよい立地に私の老人ホームは誕生しました。近隣にはスーパーマーケットが複数あり、買い物にも便利です。ファミリーレストランも数カ所あるので、ご家族が来たときに外食も楽しめます。また、何より、目の前が公園で建物屋上の展望室からは富士山が一望できるというすばらしい環境です。この環境を活かそうと、ご家族と展望室で食事をしていただけるようにもしています。最後まで諦めない心が、思いもよらない未来を切り拓いてくれることを、私は強く信じています。

人生の中で、点と点が線でつながる瞬間というものがあります。振り返ると、小さな選択や諦めない心、偶然と思える出来事が、必然的に今の私をここに導いてくれたのだと思わざるを得ません。その軌跡を振り返り確認することもまた、長く生きてきたからこそ感じられる人生の醍醐味《だいごみ》なのかもしれません。

最期の瞬間に、満ち足りた笑顔で「いい人生だった」と言えるように――。そのために今から一歩を踏み出してみてください。あなたの老後が、これまでの人生を総括し、最高の幕引きを迎えるための時間になりますように。

おわりに

最後までお読みいただき、ありがとうございました。

私は医師として55年間歩み、今では81歳になりました。宿命に流される面もあって生きてきた長い人生でしたが、その中でも数々の試練と向き合い、老いや病気にも直面してきました。心臓のステント手術や、膝の人工関節の手術を経験し、また糖尿病のための食事や運動管理や最近では突発性難聴の治療にも取り組んでいます。

しかし、幸いにも今なお現役で、クリニックの院長としてほぼ毎日フルタイムで診療にあたり、老人ホームの運営にも携わっています。これも定期的な健康診断を受け、生活習慣に気を配り、何より新たな目標と生きがいを見つけ続けてきたからだと感じています。

特に老人ホームの運営は、私にとって人生の後半の大きな役割となりました。役割に向かって情熱を注ぎ、毎日を充実させることができるこの時間こそ、私にとっての「老後の幸せ」なのだと思います。

「終わりよければすべてよし」、この言葉が示すように、人生の最後に満足感を抱くことができれば、それまでのすべてが報われると感じています。だからこそ、今ここにある人間関係に感謝し、周囲のすべてを受け入れながら生きていくことが大切です。

この本を書きながら、私は私の人生における多くの出会いと出来事に、改めて感謝の気持ちが湧いてきました。その中でも特に感謝の思いを伝えたい方々がいます。

まず、何よりも妻に感謝します。彼女は、私がどんなに大変だったときも、いつもそばで支えてくれました。彼女の静かな強さや優しさが、私を迷わず自分の歩きたい道へと導いてくれました。今日この瞬間、私がここに立っていられるのは、間違いなく彼女のおかげです。

次に、20年以上の医師会活動をともにしてくださった三愛記念病院院長の入江康文先生に深く感謝いたします。先生のご指導があったからこそ、私は地域医療の中で医師としての成長と充実感を得ることができました。先生からいただいた教えや医療に対する情熱は、今もなお私の指針となっています。

また、写真という新たな視点から人生の豊かさを教えてくださった由宇クリニック院長の由宇芳上先生にも、感謝の気持ちをささげます。先生との出会いが、私と妻を外の世界へと連れ出してくれました。夫婦二人で数々の国内外の旅行や、外出を楽しむようになったのも、写真という趣味のおかげです。そして、二科展写真部での入選という大きな喜びも、先生の指導とサポートがあってこそのものです。これからも写真を通じて見つけた美しさや感動を皆さんと共有していくことが楽しみでなりません。

さらに、老人ホーム開設を決断する勇気を与えてくださった実業家の清瀬 治氏に、心から感謝申し上げます。彼のアドバイスがなければ、私は今日このホームを運営していることはなかったでしょう。「やればよかった」と後悔していたかもしれない未来を、彼の助言によって避けることができました。今、私は生きがいを持って人生を歩むことができています。

そして、私を育ててくれた今は亡き両親に改めて感謝の気持ちを伝えたいと思います。私の運営している法人の名前は「豊心会」といいます。父の名前の「豊」からつけさせてもらったものです。幼少期に父からよく教えてもらった「常に相手の立場になって考えなさい」という言葉は私の原点となっています。「豊心会」という名前を見るたび、医師として、人としてそのことを忘れないでいようと誓うのです。

忘れてはならないのが、私たちのクリニックに来てくださる患者さんたち、また、老人ホームに入居してくださっている皆さんとその家族の方々、そして日々私を支えてくれている医療法人社団豊心会および介護付有料老人ホームあすみが丘グリーンヒルズの職員の方々です。私の想いや理念に共感してきてくださっていることに心から感謝します。これからも一緒によい人生を歩んで参りましょう。また、出版の機会をくださった幻冬舎メディアコンサルティングの方々にも感謝申し上げます。

そして、この本を手に取ってくださったあなたへ。

老後は、誰にとっても新たなステージです。健康で幸せに暮らし、自分の望む場所で穏やかに最期を迎えたい——その思いは、多くの人が抱いています。どうかこの本が、あなたの人生を豊かにするヒントとなり、後悔のない道を選ぶ一助となれば幸いです。

中野義澄（なかの よしずみ）

千葉大学医学部卒業後、神経内科専門医として千葉大学神経内科開設に参加。国立千葉東病院に医長として神経内科を開設。神経難病の在宅医療などを目的に中野内科クリニックを開業し、現在に至る。在宅医療の経験から、介護付有料老人ホームあすみが丘グリーンヒルズを開設。医学博士・脳神経内科専門医・認知症サポート医。

本書についての
ご意見・ご感想はコチラ

81歳おじいちゃん医師が教える
本当に幸せな老後

2025年3月19日　第1刷発行

著　者　　中野義澄
発行人　　久保田貴幸

発行元　　株式会社 幻冬舎メディアコンサルティング
〒151-0051　東京都渋谷区千駄ヶ谷4-9-7
電話　03-5411-6440（編集）

発売元　　株式会社 幻冬舎
〒151-0051　東京都渋谷区千駄ヶ谷4-9-7
電話　03-5411-6222（営業）

印刷・製本　中央精版印刷株式会社
装　丁　　村上次郎
撮　影　　田島雄一

検印廃止

Printed in Japan
ISBN 978-4-344-94882-2 C0036
幻冬舎メディアコンサルティングＨＰ
https://www.gentosha-mc.com/